JN120699

裁判例からみる

女性労働

昨日・今日・明日

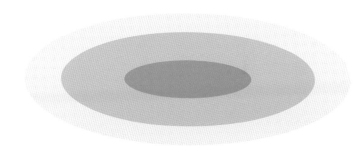

君嶋 護男 著

労働法令

は じ め に

　安倍内閣時代、目玉政策の一つとして「女性の活躍推進」が掲げられました。これは、職業分野において、重要な立場にある女性の割合が男性に比して著しく低いことから、今後労働力の減少が見込まれる中で、未だ十分に活用されていない女性の能力を積極的に活用しようというものであり、この政策を実現するため、平成27年9月に「女性の職業生活における活躍の推進に関する法律」（女性活躍推進法）が施行されたところです。

　女性の職業生活における活躍を促進する法律としては、何といっても、昭和61年4月に施行された「雇用の分野における男女の均等な機会及び待遇の確保等に関する法律」（男女雇用機会均等法。なお制定時の題名は「雇用の分野における男女の均等な機会及び待遇の確保等女子労働者の福祉の増進に関する法律」）が挙げられます。その後平成16年6月に男女共同参画社会基本法が施行され、女性の能力を活用するための法的な整備はかなり進んできたといえます。

　私は、男女雇用機会均等法の施行とほぼ同時に、同法の担当となり、労働省婦人局（当時）における初代中央機会均等指導官として同法の施行状況の検証等に携わった経験があります。更に、その後同局庶務課長として、人事、予算等の面から女性労働行政に関わり、公務員を退職した後は、（財）女性労働協会で「女性と仕事の未来館」の副館長を務め、女性労働にはかなりの期間関わってきました。こうした経験から、労働問題の中でも特に女性労働に強い関心を持ち、女性労働に関する裁判例の収集・分析に努めるようになり、今日に至っているところです。

　過去の裁判例を整理するにつけ、以前、特に男女雇用機会均等法施行前において、職場において能力を発揮する意欲、能力がありながら、

不本意な形でこれを妨げられてきた女性達の不満、憤りが聞こえてくるような感じがしたものです。本書で紹介した結婚退職、男女別定年、昇格・賃金に関する男女差別、妊娠・出産、育児休業等に係る不利益取扱いなどは、いずれも女性の活躍を阻害する措置といわなければなりません。女性の活躍を未来に向けて発信するためには、こうした過去の事例から教訓を引き出すことが、地に足の着いた施策を進める上で不可欠といえます。

　なお、女性の活躍を阻害するものとしては、上記のほかにセクシャルハラスメントがあります。本来ならば、これも本書に収録すべきところですが、この分野の裁判例は極めて膨大であり（私が把握し、整理しものだけでも200件を優に超えます。）、それ自体大きな塊となることから、本書ではこれを除外しています。これについては、これまで、拙著に一部取り上げたことがありますが、できれば、最近の事例も含めて、裁判例集としてまとめたいという希望を持っています。

　本書では「女子」「女性」を共に使っていますが、一般的な記述の場合は「女性」を使い、特に古い裁判例を引用したり、その内容を解説したりする場合は、判決の中で用いられている「女子」を使うようにしています。全てがこの原則に従っているとまではいえませんが、そうした考え方に沿っていることをご理解いただきたいと思います。なお、労働関係法規では、以前は女性を表す言葉は「女子」及び「婦人」の2つに限られていましたが、平成5年当時、時の労働大臣が「『婦人』は既婚者や一定の年齢以上の者を指すような印象を与え、特に若い人には抵抗がある」という理由で、当時の「婦人局」を「女性局」に改めようとし、国会等でも婦人・女性論争が巻き起こったことがありました。その結果、その数年後に「婦人局」は「女性局」に、「婦人の地位の向上」は「女性の地位の向上」に改められたほか、労働基準法、男女雇用機会均等法等における「女子」も「女性」に改められ、法律上女性を表す用語は「女性」に統一されました。

　本書は、過去の女性労働に関わる問題点を、裁判例を通じて明らか
にしようとするもので、できるだけ事件の概要及び判決の内容が理解
できるように努めたところですが、事例によっては、論点が多岐にわ
たるなどして、かなりの分量になるものも少なくありません。そこで、
各事例の冒頭に「結論」を記載し、どのような判断がなされたかを端
的に示すようにしました。したがって、この部分を読んで概略を把握
した上で内容に入っていただけると、理解がしやすくなるかと思います。

　また、事例の正確な内容を知るためには、何と言っても判決全文に
当たることがベストであることはいうまでもありません。そのため、
本書の巻末に時系列による裁判例の索引を設け、そこに出典を記載し
たところです。ただ、以前の裁判例の中には、出典が不明になってい
る事例もいくつかありますので、その点ご容赦いただきたいと思います。

　なお、事件名については、既に新聞、雑誌等で企業名が公表されて
いることが一般的であることから、原則として企業等の名称を明示し
ていますが、特にハラスメントに係る事例に関しては、雑誌等でも匿
名にすることが少なくないことから、本書でも、ハラスメントに関わ
る事例（第5章）に関しては、企業等の名を明示しないこととしてい
ます。

　皆様が、今後女性労働に関する様々な問題にぶつかったとき、ある
いは女性労働に関する書籍等に接した際、必要に応じて本書を参照し
ていただき、女性労働についての理解を深めていただければ幸いです。

　令和5年2月

君嶋　護男

目　　　　次

はじめに

第1章　女性労働法制の流れ

1　労働基準法の制定

　労働者保護の基本法ともいうべき労働基準法は、昭和22年年5月3日に施行された日本国憲法の第27条第2項における「賃金、就業時間、休息その他の労働条件は、法律でこれを定める」との規定を受け、同項の法律として、同年9月1日に施行されたものである。我が国おける法律は夥しい数に上るが、憲法において「法律でこれを定める」とその根拠が明示されている法律は、それほど多くあるわけではなく、それだけに、労働基準法は数多ある法律の中でも特に重みのあるものといえよう。

　労働の場における女子保護については、年少者と並んで、その悲惨な状態から保護する考え方の下、明治44年に工場法が制定され、5年後の大正5年に施行されている。したがって、労働に関する女子保護規定は労働基準法の成立によって初めて設けられたわけではなく、労働基準法の前身である工場法によって既にある程度の枠組みができていたといえるが、労働基準法は、単に工場法を引き継いだものではなく、労働者が人たるに値する生活を営むための必要を充たすべきものたることを規定し、更に、労働関係に残存していた封建的な遺制を排除することを目的とするなど、その基本理念において大きな変化を遂げたといえる。

　労働基準法の女子保護規定も、制定当初は工場法と同様、女子は年

少者と同様に「弱者」として扱われており、そうしたことから、当時の法律では女子に関してかなり広汎な保護規定が設けられ、時間外・休日労働の制限、深夜労働の原則禁止、危険有害業務の就業制限、坑内労働の禁止、産前産後休業、育児時間、生理休暇、帰郷旅費について規定され、大きな改正が行われないまま30年以上が経過した。その間、社会経済情勢は大きく変化し、女子の就業に対する国民の意識も変化してきたことから、女子の労働法制をこのまま維持していくのか、それとも規制を緩和し、女子の能力の活用や職域の拡大を図るのか、労使を始め多くの関係者の間で、激しい論争が繰り広げられてきた。

2 労働基準法研究会報告

　こうした論争の一つの重要な到達点が、昭和53年11月20日に出された「労働基準法研究会報告」であった。この研究会は、労働大臣（当時）の私的諮問機関であって、審議会のような法律に根拠を置くものではないが、当時の労働問題に関する権威を集めていたこと、その内容が女子労働全般に及び、男女平等法制の必要性を打ち出したこと、「保護から平等へ」の考え方を明確に打ち出したことなどから、同報告書は社会に対し非常に大きなインパクトを与えたものである。

　同研究会報告は、まず、我が国における女子の労働基準の今後のあり方として「就業の分野での男女の機会均等と待遇の平等の確保のためには新しい立法が必要」「合理的理由のなくなった女子保護措置は、かえって女子の職業選択の幅を狭めるので、基本的には解消すべき」「妊娠、出産に関わる母性保護は既婚女子労働者の増加もあり充実すべき」との3点を基本的考え方として示している。また、この当時、いくつかの裁判が行われて注目を集めていた生理休暇については「医学的根拠はない」との判断を示している。更に、女子保護を母性保護に限るとの姿勢を打ち出し、具体的には、①多胎妊娠については産前休業を現行の6週間から10週間に延長する、②産後休業を現行の6週間から

８週間に延長する、③妊娠中の定期健診の時間確保を義務付ける、④妊娠中と産後一定期間は時間外労働と深夜業を規制するなどを提案している。

同報告書は、翌日の新聞で１面トップに掲載されたほか、各方面からの意見が連日掲載されるなど、同報告書を巡る報道がヒートアップしていることから、当時における同報告書への関心の高さが窺えるところである。

更に、同月22日には、朝日新聞が、社説において「男女平等への労基法研提言」と題して、国際的な流れ、世の中の変化等を踏まえると、提言は一応検討に値するとしながら、深夜業や過長な残業は男女を問わず減らしていくことが望ましいこと、改定も徐々に進めるべきこと、提言の趣旨を生かすためには、就業や待遇の平等についての労使の発想の転換が必要であることを主張している。また同日の読売新聞の社説では「男女平等の勧めへの疑問と不安」と題して、男女平等法の制定には何ら異論がないとしながら「男は仕事、女は家庭」といった役割分業論が依然根強い我が国の風土からみて、簡単には平等を保護に優先させるわけにもいかない、男女の生理的差異に全く目をつぶることも合理的ではない、男女平等法は理念的・抽象的であるのに対し、保護規定の見直しは現実的・具体的であることから、男女平等法の実効性が確実に保証されない限り、女子にとって不利益になると「総論賛成、各論？」との見解を示している。

当時の女子保護についての態度は、基本的には使用者側が撤廃ないし縮小であるのに対し、労働組合、女子労働者側はその維持であったといえるが、話はそれほど単純ではなく、当事者である女子労働者の間でも、広汎な女子保護規定が女子の職域を狭め、男子と対等な立場で働くことの足枷になるとして、その縮小ないし撤廃を求める声も決して少なくなかったようであり、そうしたことも、同報告書を巡る論争を活発化させた一因となったものと思われる。

3　女子保護規定の改正（規制緩和）

　労働基準法の女子保護規定は、昭和61年の男女雇用機会均等法の施行と併せて改正されたところ、その内容は、まず女子保護と年少者保護とを区分し、女子保護については、母性保護とそれ以外の一般保護とを明確に区別し、前者についてはより充実させる一方、後者については基本的に廃止するとの考え方に立って、幾つかの点で縮小のための改正が行われた。

　まず、時間外労働の規制については、管理職又は一定の範囲の専門職についてはこれを外し、男子と同じ扱いとした。また、深夜業についても、従来から認められていた業種・業務に加え、管理職又は一定の専門職、食料品製造加工等の業務に従事する者のうち一定の者、タクシー運転手のうち本人が深夜業を申し出て行政官庁の承認を得た者は、これを実施できることとされた。このうち、タクシー運転手については、深夜に多くの水揚げが期待できることから、深夜業を禁じられることにより収入を抑えられることに不満を抱く女性運転手の要望が実ったといえるが、本人の申出によって保護規定の適用を除外することについては、「当事者がどう考えようが、ダメなものはダメ」という労働基準法の根本原理に反するとして、かなり反対もあったようである。

　また、それまでの「生理日の就業が著しく困難な女子」又は「生理に有害な業務に従事する女子」は生理休暇を請求できることになっていたが、医学的な検討結果を踏まえて「生理に有害な業務に従事する者」を対象から外し、「生理日の就業が著しく困難な女子に対する措置」に改め、「生理休暇」は廃止された。生理休暇については、当時から様々な批判、対立があったところで、昭和45年代を中心に最高裁まで争われた裁判がいくつか闘われたところである（第4章1参照）。

　当時の改正は、一般女子保護を縮小する一方、母性保護についてはより充実させたところであるが、その具体的な現れが産前産後休業で

ある。すなわち、産前産後休業は、従来は産前、産後ともそれぞれ6週間（産前休業については本人の申出に基づき付与し、産後休業については、本人の申出にかかわらず就業が禁止されるが、産後5週間を経過し、女子が請求して医師が支障がないと認めた場合は就業可能とする）であったが、双子など多胎妊娠の場合は産前休業を10週間とした外、産後休業は8週間（6週間を経過し、女子が請求して医師が支障がないと認めた場合は就業可能）に拡充された。なお、産前休業については、平成9年の労働基準法改正（平成10年4月施行）により、多胎妊娠の場合は14週間まで拡充されて今日に至っている。

　労働基準法上、女性労働者を語る上で欠くことのできないのは、3条及び4条である。これらの規定は、女性労働に関する裁判、特に賃金差別を巡る裁判の中で、女性労働者がしばしば援用する規定である。3条は、労働者の国籍、信条又は社会的身分を理由として労働条件について差別的取扱いをしてはならないとするものであり、4条は、賃金について女性であることを理由とする差別的取扱いを禁止したものである。すなわち、労働条件のうち男女の差別的取扱いが明文で禁止されているのは賃金のみであるため、それ以外の労働条件についても、同様に男女差別を禁止すべきであるとの主張は従来から強くなされており、男女雇用機会均等法の制定の際にも相当な議論があったところである。当時、労働基準法3条を改正して差別的取扱い禁止の対象として「性別」を加えるべきとの主張が取り入れられなかったのは、①3条は「労働条件」を定めるもので、ここに「性別」を入れても、雇用関係に入る前の「募集・採用」についてはカバーできないこと、②男女雇用機会均等法の制定と併せて改正される労働基準法においても、緩和されたとはいえ、母性保護以外の一般女子保護規定が一定程度存在することから、これらの規制と相容れない男女均等待遇を同じ法律内に盛り込むことは法体系上適当ではないという判断があったようである。

第2章 女子の結婚退職制、若年定年制、男女別定年制

1 女子の結婚退職制

　女性労働を巡る裁判といえば、まず何といっても女子の結婚退職、女子の若年停年制を取り上げなければならない。今では男女雇用機会均等法によって、これらの措置は禁止されているため、さすがに就業規則などでこうしたことを定めるような企業はないと思われるが、今から半世紀程前までは、就業規則に堂々と女性の若年停年制を定めたり、女性の入社に際し、結婚した場合には退職する旨の念書を提出させたりする企業が少なくなくなかったものである。

(1) 住友セメント結婚退職事件　東京地裁昭和41年12月20日判決

> **結論** 　**女子について結婚を退職事由とすることは、公序良俗に反し無効である。**

　女性の結婚退職について初めての裁判事例である。この事件は、会社（被告）が女子従業員を採用するに当たり「結婚又は35歳に達した場合は退職する」旨の念書を提出させていたところ、結婚しても退職を申し出なかった女子従業員（原告）を解雇したことから、その解雇の有効性が争われた事例である。判決では、結婚は人間の幸福の一つであり、憲法13条（幸福追求の権利）、24条（婚姻の自由）、25条（生存権）、27条（勤労の権利義務）の趣旨から、結婚の自由を制約する

労働協約、就業規則、労働契約は民法90条に定める公序良俗違反になるとした上で、女子労働者のみにつき結婚を退職事由とすることは、性別を理由とする差別をなし、かつ、結婚の自由を制限するものであって、しかもその合理的な理由を見出し得ないから、労働協約、就業規則及び労働契約中かかる定めをした部分は、公の秩序に違反しその効力を否定されるべきものと判示し、結婚退職制を無効としている。女子労働者が結婚を理由に解雇された事例は他にいくつも見られるが、いずれも女子労働者が勝訴している（注1）（注2）。

(2)　山一証券結婚退職仮処分事件　名古屋地裁昭和45年8月26日判決

> **結論**　女子が結婚したときに一律に退職させる慣行は、憲法14条、13条、24条の精神に反し、公序良俗に反し無効である。

　結婚退職が制度としては定められていなくても、慣行に従って、結婚を理由に退職を迫られて退職届を提出した女子従業員（申請人）が、後日その退職届を取り消したことから、その取消しの可否が争われた事件である。

　会社では従来から結婚退職をする女子従業員が多く、申請人が所属する名古屋支店では昭和38年4月から昭和42年3月までの間、採用内定の女子全員に「結婚するときは退社することに同意する」旨の人事部長宛ての同意書を提出させていた。申請人は結婚が近づいた昭和42年1月の女子集会において、継続勤務の希望を述べ、前年に示された「住友セメント判決（(1)参照）があるから頼めば何とかなるだろう」ということになり、申請人は労組代議員や支店の幹部に、結婚後も継続勤務を希望する旨要望したところ、支店幹部から「慣例だから辞めるように」と言われた。申請人は、支店幹部から「そういう（結婚後も妻を働かせるような）男性を選ぶからだ」という発言を受けたと主張したが、裁判ではその点は認定されていない。それでも申請人は、同意

書を提出していないこと、昭和37年以前結婚後勤務していた女性従業員がいたことを挙げて継続勤務を希望したが、やはり拒否された。その後申請人と支店幹部との間で話合いが持たれ、会社側は、結婚すれば退職するのは当然だが、会社を退職した上、アルバイトとして半年間勤務することを認める旨の妥協案を示し、申請人は新婚旅行から帰った後に退職届を提出した。しかし、申請人は、会社の行為は「仮面をかぶった解雇」に当たり、退職の意思表示は、憲法14条1項（法の下の平等）及び労働基準法の精神に反し、憲法24条で保障された結婚の自由を侵害するものであるから、公序良俗に反し無効であると主張するとともに、仮に退職届の受領によって、雇用契約が合意解約されたとしても、これは強迫による意思表示であるから取り消すこと、錯誤により無効であることを主張した。

　判決では、女子労働者が結婚したときには一律に退職することを要する本慣行は、憲法14条1項、13条、24条の精神に反するから、結局民法90条に違反し、無効であるとし、そうであれば、申請人が退職届を提出する動機となった結婚退職の有効性につき錯誤があったとして、退職の意思表示を無効と結論付けた。

　この事件で注目すべきは労働組合の対応である。労働組合は昭和42年度代議員総会において「結婚退職問題」を取り上げたが、「厚い壁」という共通認識があり、その年の3月に申請人の問題に関連して名古屋支店女子有志が本社労組婦人問題対策委員に対して応援を求めたところ、「名古屋分会女子社員の結束は頼もしいが『結婚退職は基本方針である』旨の会社の方針を確認している」との返事があったとのことである。要は「支店の分際で会社の方針に逆らうようなことはするな」ということであろうか。労働組合は、一体どっちを向いているのかと言いたくなる対応であるが、これは当時の労働組合としては一般的な対応だったのかも知れない。もっとも、労働組合は名古屋支店の女子従業員の行動に触発されたのか、同じ年の11月に、会社に対し結婚退

職についての同意書提出制度の廃止を申し入れ、その結果、翌年4月入社の女子からこれが廃止されたことからすると、申請人らの行動が大きな成果を生んだといえる。

（注1）豊国産業結婚退職事件　神戸地裁昭和42年9月25日判決

（注2）三井造船結婚退職仮処分事件　大阪地裁昭和46年12月10日判決

2 夫婦同一職場における勤務の忌避を理由とする妻の解雇

　就業規則等に明確な定めはないものの、使用者が夫婦の同一職場での勤務を嫌い、結婚した場合には夫婦の一方（妻）の退職を求める慣行も、かつてはかなり見られたところである。これについては、慣行であるから、なかなか実態が見えにくいものの、現在でも完全に解消したとは言い切れないのではないかと推測される。

　こうしたことは、民間、公務部門のいずれにおいてもあり得るところであろうが、民間の場合は、特に小規模で配転の余地の少ない企業等においては、夫婦が職場で毎日顔を会わせることにより、本人同士だけではなく、周囲の者に気を遣わせることから、なかなか微妙な問題を孕んでいるといえる。また、公務部門においては、規模が一定程度あったとしても、勤続年数を重ねることなどによって、ある程度のレベルに達するとポストが限られてきて、特定の部局に配置せざるを得ないという職場も見られたところである。以下の事例は、そうした背景があったのかも知れないが、やはり問題のあるものと思われる。

(1) 茂原市役所結婚退職事件　千葉地裁昭和43年5月20日判決

結論　結婚退職制は、それ自体性別を理由とする差別待遇とはいえないが、女子の新卒者のみから結婚退職の誓約書を徴することは、地方公務員法13条（平等取扱いの原則）に反する。

本件の免職処分は、結婚の自由を侵すものとして無効である。

　市役所が夫婦で勤務することを禁止し、採用に当たって、職場結婚した場合には市長宛てにどちらか一方が退職する旨の誓約書を提出させることとし、当時独身であった女性職員（原告）もその誓約書を提出した。ところが、その後原告は職場結婚したことから、市長から免職の発令を受けたため、一旦は退職を承諾したものの、この免職発令は誓約書を盾に取り、原告と夫を威嚇したもので、重大かつ明白な瑕疵があるからその効力を生じないと主張し、この免職処分は、憲法14条、24条、地方公務員法13条（平等取扱いの原則）に違反して無効であるとして、市職員としての地位の確認を求めた。

　判決では、結婚退職制は、庁内の秩序維持、能率低下防止のため、夫婦いずれか一方を退職させるというものであるから、性別を理由とする差別待遇とはいえないが、女子の新規採用者のみから誓約書を徴したことは、明らかに不公平な措置であって、地方公務員法13条（平等取扱いの原則）に反するとの基本的見解をまず示した。その上で、共稼ぎ夫婦が同じ部屋で勤務することにより執務上若干好ましからざる影響を及ぼしたことは推測されるが、それは職場環境の整備、管理者の指揮監督の強化によって改善し得る程度のものであって、夫婦の一方を辞めさせなければ是正し得ないものではなく、本件免職処分は結婚の自由を侵すものとして無効である旨判断している。なお、原告が退職を承諾したのは、採用に当たって誓約書を提出した以上、退職要求に応じなければならないと考えたからであって、要素の錯誤に当たるとしている。

(2)　神戸野田奨学金結婚休職・解雇事件　神戸地裁昭和43年 3 月29日判決、大阪高裁昭和45年11月18日判決

結論　職場結婚を解雇事由とし、結婚した女性を解雇したことは、合理的な理由を欠き無効である。

　本件は、学校法人（被告）に採用された女性教諭（原告）が、同僚と結婚した頃から授業担当を外され、その半年後に無給の休職とさせられたものである。被告は、この措置の理由として、教育上好ましくないという理由で職場結婚の際にはどちらか一方が退職する慣行になっており、原告の採用に当たってはその旨告知していたこと、原告から結婚の申し出がされたとき、その慣行を確認したこと、結婚の際に原告を解雇することができたにもかかわらず、原告の将来に配慮して解雇を半年延ばしたことなど解雇の正当性を主張したが、原告はこれに納得せず、休職処分及び解雇の無効確認と賃金の支払いを請求した。

　第 1 審判決では、本件休職処分は無給であることから、その根拠が必要であるところ、それが認められない以上、本件休職処分は無効と判断した。その上で、職場結婚を解雇事由としたことについて、配偶者の選択の自由に影響を及ぼし結婚の自由を制限することになるから、かかる事由が適法とされるためには、そこに合理性の存在を必要とするところ、職員の一部が夫婦が共に在職することが好ましくないと考えていたとしても、これだけでは結婚退職の合理性を肯定するには十分でなく、結局本件処分は合理的理由を欠き、無効としている。本件は被告が控訴したが棄却された。

3 　女子の若年停年制

　結婚退職と並んで、女性に対する差別として問題とされたのが、女子の若年停年制である。

(1) 東急機関工業女子若年停年仮処分事件　東京地裁昭和44年7月1日判決

> **結論**　憲法は私人間の行為を直接規律するものではなく、基本的人権について制約を設けることも、私的自治の原則により一応は有効といえるが、この制約が著しく不合理な場合は公序良俗違反により無効になる。本件については公序良俗違反に当たり無効である。

　本件会社（被申請人）は労働組合との間で、停年を「男子55歳、女子30歳」とする労働協約を締結し、労働協約発効日に既に30歳に到達していた女子従業員（申請人）を、1年間の猶予期間が切れた後、従業員として扱わなかったことから、申請人が本労働協約は公序良俗に反して無効であるとして、労働契約上の権利を有する地位にあることの確認と賃金の支払いを求めた。

　判決では、憲法は私人間の行為を直接規律するものではないから、憲法で保障される基本的人権について私人間の合意で制約を設けることも、私的自治の原則により一応は有効といえるが、この制約が著しく不合理である場合には公序良俗違反になるとして、本件については、次の理由により停年制を公序良俗違反に当たり無効と判断した。

① 　本件停年制の内容は、女子が30歳と、男子に比して著しく低く、かつ、30歳以上の女子が当然に企業貢献度が低くなるとはいえないから、他にこの差別を正当化できる特段の事情がない限り、公序良俗違反となる。

② 　女子が軽作業に従事しているとしても、これは会社が一方的に当該業務に配置したものであり、他の職種への配置転換を何ら考慮することなく、この業務に就いていることを理由に差別停年制を敷くことは信義則に反する。

③ 　会社は、既婚の女子従業員は家事・育児のため勤務に支障を生ず

ると主張するが、本件停年制は結婚を理由とするものではない（独
身女子にも適用される）ばかりか、一般に既婚女子労働者の勤務成
績が悪いという疎明はない。

④　本件定年制は労働協約によって定められたものではあるが、それ
によって合理的理由のない性差別が許されるわけではない。

⑤　以上のとおり、女子従業員30歳停年制を正当付けるに足る特段の
事情の疎明もないから、女子を著しく不利益に差別する本件停年制
は公序良俗に反する。

(2)　岩手県経済農業協同組合連合会女子若年停年仮処分事件　盛岡地
裁昭和46年3月18日判決

結論	就業規則上の停年制は「一般職員55歳、准職員31歳」と、男女別とはなっていないが、女子は全員が准職員であるという実態からすると、実質的な男女別停年であり、公序良俗に反し無効である。

農業協同組合連合会（被申請人）に雇用される准職員の女子事務職
員（申請人）は、准職員の停年（31歳）に達したとして退職辞令を交
付されたところ、准職員の停年制を定めた就業規則は実質的に女子の
停年を31歳と定めたもので無効であると主張して、准職員としての地
位を仮に定めること、賃金を仮払いすることを求めて仮処分を申請した。

判決では、本件就業規則では職種別停年を定めたように見えるが、
一般職員と准職員との職務は明確に区分されていないこと、一般職員
の応募資格者から女子を除外し、女子の准職員が一般職員に登用され
た例は全くなく、准職員制度採用時に事務雇員（准職員の前身）であっ
た男子はその後全員が一般職員になっていることを踏まえて、准職員
の停年を31歳と定めた就業規則は、実質的に女子の若年停年制を定め
たものと判断した。その上で、労働基準法3条、4条は性別を理由に

賃金以外の労働条件についての差別を直接禁止していないとしながら、同条は、性別を理由とする合理性を欠く差別を禁止しており、本件停年制の内容は、一般職員の停年が55歳であるのに対し、准職員（女子）の停年を31歳と著しく低いものとするものであり、公序良俗に反し無効とし、申請人の雇用契約上の権利を有する地位にあることを仮に定め、被申請人に対し賃金の仮払いを命じた。

(3)　**名古屋放送女子若年停年事件**　仮処分　名古屋地裁昭和47年4月28日判決、名古屋地裁昭和48年5月25日判決、本訴　名古屋地裁昭和48年4月27日判決、名古屋高裁昭和49年9月30日判決

結論	女子の若年停年制（男子55歳・女子30歳）につき、仮処分、本訴1審・2審とも、著しく不合理な差別として、公序良俗違反により無効とする。

　女子の若年停年制について、仮処分、本訴で争われたもので、この問題を語る上では欠かせない事件といえる。

　本件は、放送局に勤務する女性アナウンサー2名が30歳に到達し「男子55歳、女子30歳」の停年を定めた就業規則により退職させられたことから、憲法14条、労働基準法3条、4条の精神に反し、同時に女子労働者の労働権、生存権を侵害し、民法90条により公序良俗違反に当たるとして、従業員としての地位の確認を求めたものである。本件は仮処分と本訴で争われ、原告（仮処分では申請人）が全て勝訴している。被告（被申請人）は、①女子は一般的に短期勤続であり、また労働基準法の保護規定があって、男子より労働価値が低いこと、②人事の停滞を防止すること、③女子の業務は単純な定型的補助業務であって、労働の価値は変わらないのに年功賃金のため賃金のみが高くなること、④他の企業でも同一の停年制が存在することを女子若年停年制を合理的とする理由に挙げていた。現在ではほとんど一笑に付されるような

理由であるが、当時は裁判の場で大真面目に主張されていたわけである。

　これに関し４つの判決（Aの仮処分、Bの仮処分、A及びBの本訴第１審及び控訴審）では、いずれも本件女子若年停年制（男子55歳、女子30歳）は、女子であることを理由として男子に比し著しく差別するもので、社会的に許容し得る限界を超えた著しく不合理な性別による差別であるとして、これを定めた就業規則を公序良俗違反により無効と判断し、原告（申請人）らの従業員としての地位を認めた。なお、本訴第１審では、女子若年停年制に合理的理由ありと認められる場合とは「特定の業種又は業務に必須の年齢的制約が伴い、かつ、非適格者に他業種又は他業務への配転の可能性のない特殊な場合であろう」とした上で、本件女子停年制がかかる場合には当たるとは認められないとしている。この女子若年停年制に合理的な理由がある場合とは、具体的にどのような業種・業務を指しているのか必ずしも明らかではなく、女性の若さや美貌を顧客サービスの重点に置く業務などがこれに当たるものと推測されるが、このような記述は本判決においては蛇足との感を免れない。

　本件は、女子労働者側の完勝に終わったわけだが、判決文を子細に読むと、男女の停年差を一切認めないという理屈立てにはなっていない。本件判決でいっているのは「男子55歳、女子30歳という停年年齢の差はいくら何でもひど過ぎる」というに過ぎない。上記のように、女子の若年停年制については、裁判所は一貫してその不合理性を指摘し、公序良俗違反として無効と判断してきており、これらの制度が無効であることは判例上確立されたものとなって、争点は比較的男女の年齢差の小さい、いわゆる男女別停年制の適法性に移っていった。

　ここで注意すべきことは、女子若年停年制や結婚退職制が、必ずしも会社側の一方的な判断で行われているとは限らず、労働協約で定められていることがあることである。労働協約とは、使用者と労働組合が団体交渉を行い、その合意の結果を書面にして両当事者が署名又は

記名押印するもの（労働組合法14条）であるから、使用者が定める就業規則とは異なり、労働組合の合意が必ずあるわけである。つまり、労働組合は、たとえ消極的にではあれ、これらの制度に賛成していたわけであるから、この当時は、女子が結婚したら退職することや、30歳程度に達したら退職させることについて、労使共に相当広汎な合意があったといえる。女子若年停年制に限らず、会社側は労働協約で定められていること（労働組合も合意していること）を合理性の根拠として挙げる場合が少なくないが、法律に明確に違反している場合はもちろん、そうでなくても、社会通念上、公序良俗に反すると認められる場合についても、労働協約の存在は正当化の根拠にはなり得ない。

　結婚退職や若年停年制ではないが、既婚女性及び一定年齢以上の女性についての差別が問題となった事件もある（注1）。

　この件は、未婚で30歳未満の女子を正社員とし、既婚女子及び30歳以上の女子を雇用期間の定めのある準社員とする会社（債務者）に勤務する準社員の既婚女子（債権者）が雇止めの無効を主張して地位保全の仮処分を申し立てたもので、直接には雇止めの有効性が争われたものである。判決では、会社の業績が悪化していたこと、債権者の勤務態度が悪かったことなどから雇止め自体は正当と判断しているが、債権者が、既婚女子を一律に準社員とすることは性による差別であり、婚姻の自由を侵害すると主張したことから、判決では、正社員及び準社員の区分の基準の合理性について言及している。すなわち、この基準は、過去において女子を正社員として採用したところ、出産、育児、家事等に追われて基幹的労働者としての期待を裏切ることが多かったという経験があること、既婚女子であっても正社員への途も開かれていることを挙げて、その合理性を認めている。

（注1）東芝レイ・オ・バック女子若年停年仮処分事件　東京地裁昭和49年
　　11月29日判決

4 男女別定年制

　女子若年停年制が、③に記載した経過の中で、公序良俗に反し無効であることが裁判上確定したことから、次の争いは、男女の差が小さい男女別定年制の可否に移っていった。男女別定年についての裁判事例は数多く、最高裁の判断も示されて、これも公序良俗に反して無効であることが確定した。

⑴　**伊豆シャボテン公園男女別定年仮処分事件**　静岡地裁沼津支部昭和48年12月11日判決、東京高裁昭和50年2月26日判決、最高裁昭和50年8月29日判決

> **結論**　「男子57歳・女子47歳」の定年制は公序良俗に反し無効。

　「男子57歳・女子47歳」と定められた定年制により退職させられた女性が従業員としての地位の保全を求めて提起した事件である。

　第1審、控訴審とも、女性従業員の勝訴となったところ、最高裁は、合理的理由のない差別の禁止は、一つの社会的公の秩序を構成していると解されるから、専ら女子であることのみを理由として、他に合理的理由がない場合には、労働条件についての差別は民法90条により無効であるとの基本的見解を示した上で、本件定年制について、①企業合理化の必要性から直ちに女子の定年を男子より10年低く定めて良いことにはならない、②女子は能力が低い、管理能力がない等の主張は認められない、③老化について総体的な男女差は認められない、④年功賃金の下で賃金と労働能力の不均衡が仮に生ずるとしても、労務管理の改善により事態を回避する余地がある、⑤一般に女子は家計補助者と断ずることはできない等の理由を挙げて、民法90条の公序良俗に反し無効と判断した。

(2) 男鹿市農協男女別定年事件　秋田地裁昭和52年9月29日判決

結論　「男子56歳・女子46歳」の定年制は公序良俗に反し無効。

　本件農業協同組合（被告）は、①肉体的重労働を伴う業務が多いこと、②夜間の業務が多いこと、③女子は40歳代後半に更年期を迎え、一般的に男子より労働能力が低下すること、④女子は男子に比べて企業貢献度が低いので、年功序列賃金体系の下では賃金と労働能力の不均衡が男子より早期に生じること、⑤女子職員の割合が高いから、男女の定年を同一にすると、女子の就職の門を閉ざすことになること、⑥農家側で、中高年の女子を敬遠する傾向があることを理由に「男子56歳、女子46歳」と男女別定年を定めていたところ、家庭生活指導員として勤務していた女子職員（原告）が、46歳に到達して退職を迫られ、男女別定年は公序良俗に反し無効であるとして、被告に対し、雇用関係の存続の確認と賃金の支払いを請求した。

　判決では、定年について合理的理由を欠く男女差別取扱いは公序良俗に反し無効であるとの原則を示した上、被告の主張する肉体的生理的差異については、女子職員は事務等肉体的の負荷の少ない軽作業に従事していたこと、女子は男子に比して管理能力や専門的能力が低いと認める証拠はないこと、女子の就職の門戸を広げるとの理由は男女差別定年の根拠にはなり得ないこと、農家側が全般的に中高年女子を敬遠する傾向があると認めるに足りる証拠はないことを挙げて、本件定年制を無効と判断した。

(3) 日産自動車男女別定年事件　仮処分　東京地裁昭和46年4月8日判決、東京高裁昭和48年3月12日判決、本訴　東京地裁昭和48年3月23日判決、東京高裁昭和54年3月12日判決、最高裁昭和56年3月24日判決

　本件は、被申請人会社とP社が合併し、P社の定年は男女とも55歳であったが、被申請人の定年は「男子55歳・女子50歳」であったとこ

ろ、被申請人がP社を吸収したことから、定年は「男子55歳・女子50歳」に統一された。P社の従業員であった申請人は、本件合併によりP社との雇用関係はそのまま被申請人に承継されたから、雇用関係は55歳に達するまで継続すること、被申請人の定年制は性別のみを理由とする故なき差別であることを主張して、従業員としての権利を有することを仮に定めること及び賃金の仮払いを求めて仮処分を申請した。

① **仮処分第1審**　東京地裁昭和46年4月8日判決

> **結論**　男女の生理機能の差、我が国の定年制の状況、賃金と労働能率のアンバランス等を考慮すれば、僅か5歳の男女の定年年齢差は、企業合理化の見地から合理性がある。

　人間の心身機能ないし労働能力は、個人差はあるが、一般に女子の生理機能水準は男子に劣り、女子の50歳に匹敵する男子の年齢は52歳位であり、女子の55歳のそれに匹敵する男子の年齢は70歳位となること、我が国では、定年制を設けているもののうち、男女別定年制を設けているものが20％近くあり、そのうち男女に5歳差を設けているものが最も多いこと、被申請人において男女の定年を右のとおり定めたのは、生理機能水準の差異を考慮したほか、女子従業員は数年以上の勤続年数を重ねても、企業への貢献度は男子従業員に比して向上しない反面、賃金は年々上昇し、賃金と労働能率とのアンバランスは男子に比較して早期に生ずること、被申請人においては従前から50歳を超えて勤続する女子は殆どいなかったこと等の事情を勘案したものであること、男女の定年差が僅か5歳であって男子に比して女子を著しく不当に差別するものでないことに鑑みれば、被申請人の定める男女別定年制は、企業合理化の見地からして合理的な根拠があり、公序良俗に反するものではない。

② **仮処分控訴審**　東京高裁昭和48年3月12日判決
　　結論及び理由とも、原審（①）と同旨

③　本訴第1審　東京地裁昭和48年3月23日判決

> **結論**　男女別定年制は、5歳差であっても公序良俗に反し無効。

　憲法14条1項を受けた労働基準法3条、4条は、性別を理由とする賃金以外の労働条件についての差別を直接禁止の対象とするものではないが、同法3条、4条は、性別を理由とする賃金以外の労働条件について合理的理由のない差別を許容する趣旨とは解されない。憲法14条1項の精神に鑑みれば、男女を差別して取り扱ってはならないことは、公序として確立していると解すべきである。したがって、合理的理由のない男女の差別的取扱いを定めた就業規則の規定は、民法90条に違反して無効といえる。

　いわゆる肉体労働や専ら感覚器官に頼ってなされる業務等においては、生理的機能ないし体力が能力に大きな影響を及ぼすと考えられるが、その他の業務にあっては、その影響の程度はそれほど大きいとは思われない。被告における女子従業員の大半は一般事務に従事している一方、男子従業員の大半は肉体労働を伴う生産部門の作業に従事していたから、女子従業員が50歳にして男子従業員より生理的機能ないし体力において若干劣るところがあったとしても、そのことから、直ちに定年年齢について、50歳を画して5歳の差を設けることを合理的ならしめる程男女の労働能力差があるとは認められない。

　調査によれば、男女同一定年制を採る企業が、男女差別定年を採る企業と比べて圧倒的に多いから、むしろ男女差別定年制の不合理性は顕著といえる。企業が男女差別定年を設けている場合には、その差別の合理性の立証責任は企業にあるから、被告の就業規則における女子従業員の定年に関する部分は、合理的な理由もなく、不利益に女子従業員を差別するものとして、民法90条に違反し無効である。

④　本訴控訴審　東京高裁昭和54年3月12日判決

　本訴第1審判決の直後である昭和48年4月1日、控訴人（被告）の

定年は「男子60歳・女子55歳」に引き上げられたが、定年年齢の５歳差は維持されたため、その有効性を巡って訴訟は継続された。控訴審では、第１審と同様の基本的立場に立って、被控訴人（原告）の55歳での定年退職を無効とし、60歳に達するまで控訴人の従業員の地位にあることを認めた。

⑤　**本訴上告審**　最高裁昭和56年３月24日判決

> **結論**　「男子60歳・女子55歳」の本件定年制は、公序良俗に反し無効。

　最高裁は、①会社（被申請人・被控訴人・被告・控訴人・上告人）には従業員の努力と会社の活用策如何によっては貢献度を上げ得る職種が数多く含まれており、女子個人の能力の評価を離れて、その全体を貢献度の上がらない者と断定する根拠はないこと、②女子従業員について労働の質量が向上しないのに実質賃金が上昇するという不均衡が生じていると認めるべき根拠はないこと、③少なくとも60歳前後までは、男女とも通常の勤務であれば職務遂行能力に欠けるところはなく、一律に企業外へ排除するまでの理由はないことなどの理由により、男女で５歳の差を設ける定年制は民法90条により無効と判示した。

　本件は、会社が日本を代表するような大企業であったことから、大きな反響を呼んだところである。本件は、仮処分及び本訴合わせて５つの判決が示され、仮処分と本訴で相反する判断が示された点に特色がある。仮処分では、申請人の請求がいずれも棄却されたが、その結論もさることながら、その理由付けには驚かされる。すなわち、生理機能水準に関して、女子は男子に劣り、女子の50歳は男子の52歳、女子の55歳は男子の70歳に匹敵するとして「男子55歳・女子50歳」の男女別定年制の合理性を認めているが、この説が、どのようなものか、医学的に確立されたものか明らかではない。仮に、一般的に見て、女子の生理的機能が男子のそれより劣る面があるとしても、判決によれば、50歳から55歳までの５年間に、女子は男子の18年分の生理的機能の衰

えを見せるということになり、女子の方が平均寿命が長いこと等に照らしても、にわかに信じ難い思いがする。また、仮に50歳を過ぎては女子の方がそうした加齢による生理機能の低下が著しいとしても、そのことが実際の労働の場面でどのように影響するかは、その労働の内容等に照らして慎重に検討する必要があるところ、仮処分判決ではそうした検討もされておらず、しかも控訴審でも、原審をそのままなぞる判断をしている。本訴では、さすがにこの判断は受け入れ難いと判断し、男女別定年を無効としたが、仮処分で示された男女の加齢による生理的機能の衰えの差については必ずしも否定していない。

　本件自体は、最高裁判決によって最終的な決着をみたが、この最高裁判決が全ての男女別定年を無効としたかといえば、「上告人（会社）の活用策いかんによっては貢献度を上げ得る職種が数多く含まれており」というところからみて、恐らくそこまでは言っていないものと思われる。本件が、仮に配転の余地の乏しい中小企業で起こったとすれば、5歳程度の年齢差であれば、男女別定年制が有効と判断された可能性もあると考えられる。今から見れば「憲法14条の趣旨に照らせば、定年における男女差は全て公序良俗に反し無効」とスッキリ言ってしまえば良かったように思われるが、恐らく当時の社会状況・意識はそこまでいっていなかったのであろう。しかしながら、その後も男女別定年についての訴訟が闘われ、いずれも女性労働者の勝訴に終わっていることからすれば、本件が「男女別定年はその年齢差にかかわらず無効」とする決定打となったものといえよう。

　昭和61年4月の男女雇用機会均等法の施行によって、企業規模や業種を問わず全ての企業に対し男女の定年差別は禁止されたが、当時は「単に判例を追認しただけ」と冷ややかな見方が多かったところである。しかし、仮に判例の追認であっても、それを実定法に明記することは法的安定性を図る上で有意義なことであるし、同法の制定によって、業種や規模にかかわらず、1歳でも定年年齢に差を設けることが明確

に禁止されたわけであるから、その意義は決して小さくなかったといえる。

(4)　(財) 放射線影響研究所男女別定年事件　広島地裁昭和59年1月31日判決、広島高裁昭和62年6月15日判決、最高裁平成2年5月28日判決

結論	厚生年金支給開始年齢を考慮した「男子62歳・女子57歳」の定年制は無効。女子の定年年齢の引上げに当たっての経過措置は不可。

(3)最高裁判決によって男女別定年制について一応の決着がついたとみられるが、その後男女別定年を巡る法的な争いが一切なくなったというわけではない。上記最高裁判決後に「男子62歳、女子57歳」の定年制の有効性が争われたのが本件である。

本件研究所（被告）が、当時としては比較的高年齢の定年を設け、男女に5歳の差を設けたのは、当時の厚生年金の支給開始年齢が「男子60歳、女子55歳」とされていたことに対応したもので、労働から年金へのスムーズな移行という意味では、それなりに合理性があったともいえる。しかし、第1審では、労働者が働く意思と能力を有し、企業がそれを受け入れることが可能であるときに、老齢年金が支給されることを理由に労働者を定年退職させることは法律の目的に沿わない上、実利の面から見ても、年金額は給与よりも大幅に減額されるものとなり、退職は本人に多大な不利益を与えることになるから、老齢年金の受給開始年齢は男女別定年制の合理的な理由とはなり得ないとして、女性従業員（原告）に対する57歳での退職を無効とした。

第1審判決後、被告は労働組合との間で、男女とも60歳とする新定年制を定めた労働協約を締結し、その限りでは男女差はなくなったが、一挙にこれを実現するのではなく、段階的に男女とも60歳定年とする規定を新設したところである。これについて控訴審では、男子の定年

年齢を62歳から60歳に引き下げるに当たって経過措置を設けることは、男子の既得権の保護として合理性を有すると評価できるが、女子の定年年齢の引上げに時間をかけるのは合理性が認められないと判断している。要は、男女60歳定年をゴールとするなら、労働者に不利な改正、すなわち男子の定年年齢の引下げについては時間をかけても良いが、労働者に有利な改正、すなわち女子の定年年齢の引上げは直ぐにやれということであろう。

　上記以外にも、(3)最高裁判決と相前後して、男女別定年に関する判決が出されている。その一つは、労使協定で「男子57歳・女子45歳」定年を設けていたところ、女子従業員（債権者）が45歳に到達したことを理由に定年退職を通告された事件である（注1）。労働組合は女子の定年を55歳に引き上げるよう会社（債務者）に要求し、労働委員会のあっせんを経て女子の定年は55歳に引き上げられたが、基本給が20％減額されることから債権者がこれを拒否したため、債務者は債権者を日給制の嘱託として、給与も従来の60％に減額した上、債権者に非違行為があったとして解雇したものである。判決では、解雇理由とされた非違行為については疎明がないとして債務者の主張を斥けた上、男女別定年については、専ら女子であることのみを理由とする差別は公序良俗に反し無効であるところ、本件の場合はそれに当たるとして、男女別定年を定めた規則及び労使協定の該当部分を無効と判断した。

　また、就業規則を改正して、定年を「男子57歳・女子52歳」と定めた事件（注2）では、労働条件の不利益変更には当たるものの一応合理性を有するとしながら、その就業規則制定当時定年を間近に控える者が債権者ら2名しかいなかったことから、組合の弱体化を狙ったものと認め、債権者らの雇用契約上の権利を有することを仮に定めた。

　更に「男子55歳・女子45歳」の定年制に基づき、45歳で定年解雇され、嘱託として再雇用された女子社員（原告）が、正社員としての地位の確認と慰謝料等を請求した事件（注3）では、女子の定年退職者

　の再雇用としての本件嘱託制度は、男女の定年を同一にするための暫定的なものであるとし、かかる改正に必要な相当期間内においてのみ許容される余地がないとはいえないとしながら、会社は5年間にわたって改正措置を採っていないから、原告が退職した時点で本件嘱託制度は無効になっているとして、民法90条に違反して無効と判断している。

　なお、結婚退職、女子若年停年制、男女別定年制などについて争われた事例は数多く、そのほとんどが女子労働者の勝訴に終わっているが、例外的に、日産自動車事件仮処分判決（(3)①、②）と並んで女子労働者が敗訴となった事例がある（注4）。

　この事件は、赤十字病院で10年以上にわたって看護助手、給食配膳係として勤務してきた女子職員2名（原告）が、経営悪化を理由に「男子60歳以上・女子55歳以上」の基準に基づき退職を迫られ、これを拒否したところ解雇されたものである。判決では、当時の状況から見て間接部門の整理解雇はやむを得なかったとした上で、女子は、骨格、筋力、赤血球数、血色素量、反応時間等からみてその体力は男子に比して劣っており、25種の生理的機能検査の平均値で表すと、女子は50歳から55歳までの間において生理的機能が著しく低下し、50歳の女子の機能は55歳の男子のそれとほぼ等しく、55歳の女子の機能は70歳の男子のそれとほぼ等しいとみられること（上記日産自動車仮処分判決とほぼ同内容だが、更に詳細である）、原告らの職種は単純労働であって、年功序列賃金の下では提供される労働と賃金は年月の経過と共に次第にバランスを失っていくことを併せ考えると、本件解雇の整理基準は合理性があるとして、解雇を有効と認めたものである。この判決は控訴されたが、結局、解雇の撤回と和解金の支払で和解が成立した。

　この判決の問題は、まず退職年齢の男女差を合理的とする根拠となった医学的見解の正当性であるが、医学的見解は措くとしても、原告らの仕事は単純労働であって、年齢が進むにつれて、労働の価値と賃金との乖離が大きくなるとの点については、病院の労務管理によりそう

なっているわけであって、これを当然の前提とした判断は到底納得できるものではない。病院側は、第 1 審で完全勝訴を勝ち取ったにもかかわらず、控訴審において和解に応じ、結局原告らの請求は概ね満たされたわけだが、恐らく病院側は、控訴審でも第 1 審と同様な「理解ある判決」を得ることは期待しにくいと判断したのであろう。

（注 1 ）福岡水産男女別定年仮処分事件　福岡地裁昭和56年 1 月12日決定

（注 2 ）丸大運送店男女別定年仮処分事件　神戸地裁昭和56年 3 月13日判決

（注 3 ）河北新報社男女別定年事件　仙台地裁昭和58年12月28日判決

（注 4 ）日本赤十字社男女別定年事件　佐賀地裁唐津支部昭和52年11月 8 日判決

5　公務における退職勧奨についての男女差別

[4]においては、民間における男女別定年について見てきたが、これと似た事例として、公務部門での退職勧奨における男女差別がある。退職勧奨というと、業績が悪化した企業が人員削減のために行うものというイメージを抱きがちであるが、ここでいう退職勧奨はそれとは異なるものである。公務員に定年制が敷かれる以前、1980 年代半ばまでは、国にしろ地方公共団体にしろ、公務員に法制度上の定年制がなかったため、人事の新陳代謝を図るために、一定の年齢に到達した者に対し退職勧奨を行っていた。つまり、退職勧奨が定年に代わる機能を果たしていたわけである。地方公務員について定年の代替措置としての退職勧奨の場面で行われた男女差別が争いになった事件がある（注 1 ）（注 2 ）。

これらは、いずれも「男子58歳・女子48歳」という基準に従って、48歳に到達したことを理由に退職勧奨を受けた女性職員が、これを拒否して勤務を続けたため、退職金において優遇措置を受けられず（注1 ）、あるいは昇給を受けられなかった（注2 ）ものである。これら、退職勧奨年齢に男女差を設けることについては、いずれも合理的理由のな

い差別的取扱いに当たるとして、その精神的苦痛に対する慰謝料（（注1）について50万円、（注2）について10万円）を認めている。それにしても、（注2）の事件の提訴は平成11年であることからすると、男女雇用機会均等法の施行から13年が経過し、しかも女性への差別的取扱いを禁止する同法の改正が施行された年であることに鑑みると、特に公共部門においてこのような男女差別を温存させた町当局の責任は重いといえる。

（注1）鳥取県教育委員会女性職員退職勧奨事件　鳥取地裁昭和61年12月4日判決

（注2）石川県鳥屋町役場女性職員退職勧奨事件　金沢地裁平成13年1月15日判決

6　整理解雇における男女差別

　企業の業績が不振に陥ったような場合、人件費の削減等のために整理解雇が行われることがある。整理解雇を行うに当たっては、①解雇の必要性、②希望退職者の募集等解雇回避の努力、③被解雇者の人選の合理性、④本人や労働組合への説明等手続の合理性（いわゆる整理解雇の4条件）が、その正当性の基準とされている。整理解雇自体は今日でもしばしば行われているが、以前は、整理解雇に当たっても、男女差別として争われた事例が少なくなかった。

(1)　小野田セメント既婚女子等解雇仮処分事件　盛岡地裁一関支部昭和43年4月10日判決、仙台高裁昭和46年11月22日判決

結論　希望退職対象者に「有夫の女子」「30歳以上の女子」の基準を設けることについて、第1審では差別待遇として無効と判断したが、控訴審では希望退職基準なので差別的取扱いとして機能する余地はないとして、退職勧奨を拒否した女性の解雇を有効と認める。

　会社（被申請人）は、経営悪化に対処するため、希望退職者を募り、女子従業員（申請人）が、不可欠な従業員ではなく、退職しても経済的に困らないことから、2回にわたり希望退職に応じるよう勧告を行った。その後、希望退職者が予定数に達しないため、被申請人は、①停年に近い人、②有夫の女子、③健康上業務遂行が十分でない人、④配転が不能な人、⑤他に生活の途を有する人との解雇基準を設け、指名解雇する旨発表した。申請人は一旦は説得を受けて退職に応じたが、後に解雇基準が違法であるとして退職願を撤回したところ、被申請人が退職辞令を交付したため、申請人は地位保全を求めて仮処分を申請した。

　第1審では、本件人員整理はやむを得ないとしながら、希望退職募集基準に「有夫の女子」「30歳以上の女子」という基準を設けることは、性別による差別待遇に該当するとして無効と判断した。しかし、控訴審では、希望退職は双方の自由な合意によって成立するものであるから「有夫の女子」という基準は差別的取扱いの基準として機能する余地はなく、退職勧告も「有夫の女子」という理由ではなく、会社に不可欠な人ではなく、経済的に困らないことが実質的な理由になっているとして、本件退職を有効と認めた。

(2)　古河鉱業既婚女子解雇事件　前橋地裁昭和45年11月5日判決、東京高裁昭和51年8月30日判決、最高裁昭和52年12月15日判決

> **結論**　既婚女子で唯一希望退職願を出さない女子に対する解雇につき、第1審、控訴審とも、機械操作の作業は女子には適さず、間接部門の女子を直接部門に配置換えすることは不可能として、解雇を有効と認めた。

　会社（被告）は、経営合理化のために間接部門の整理統合を行うこととし、女子従業員に対し希望退職を募集したところ、既婚者7名、

未婚者2名がこれに応募した。被告は、既婚者で唯一退職願を出さない女子従業員（原告）に対し、解雇事由である「やむを得ない事業上の都合によるとき」に該当するとの理由で解雇通告をしたところ、原告は解雇には合理性がなく無効であるとして、雇用契約上の地位の確認等を求めた。

　第1審では、人員整理は、諸条件を考慮して最適な者として選ばれたのが既婚女子であったもので、解雇には合理的理由があるとして原告の請求を棄却した。控訴審でも、機械操作の作業は、身体が汚染しやすい筋肉労働であって、女子の労働には適さないから、合理化によって間接部門で働く女子工員に余剰が出たからといって、直ちに直接部門に配置換えすることは不可能であるとした上で、本件解雇は、企業合理化のために必要に迫られて行われたもので、企業合理化に籍口した既婚女子の解雇には当たらないとして、原告の控訴を棄却した。本件は原告が上告したが棄却された。

　この外、人員整理に当たって、既婚女子を対象として解雇された従業員から解雇無効の確認を求められた事例として、「有夫の女子」「27歳以上の女子」が（注1）、「既婚女子で子供が2人以上いる者」が（注2）、「25歳以上の女子」が（注3）、それぞれ解雇の対象となったものがあるが、いずれも解雇は公序良俗に反するとして無効とされた。

（注1）日特金属工業既婚女子等整理解雇仮処分事件　東京地裁八王子支部昭和47年10月18日判決

（注2）コバル子持女子整理解雇仮処分事件　東京地裁昭和50年9月12日判決

（注3）米沢製作所若年女子整理解雇仮処分事件　山形地裁米沢支部昭和51年9月24日判決

7 男女雇用機会均等法施行後

　以上に挙げた事件は、一部を除き男女雇用機会均等法の施行前におけるものである。同法によって、結婚退職や男女別定年は明確に禁止されたことから、同法施行後は、こうした問題は生じないはずであるが、男女を明示しない形、慣行、雰囲気等によって同種の事件が発生している。

(1)　大阪市交通局協力会男女別定年事件　仮処分　大阪地裁平成7年2月8日判決、本訴　大阪地裁平成9年3月26日判決、大阪高裁平成10年7月7日判決

結論	65歳定年の第一種職員のうち女子については第二種職員と呼び代えて60歳で退職させたことは、性別を理由とする合理性のない差別待遇に当たり無効である。

　大阪市交通局を女子若年停年制により昭和42年に33歳で退職した女性職員（原告）は、退職後の受け皿である外郭団体（被告）に第一種職員（定年退職後の再雇用職員）として雇用された。被告では、原告が採用されて以降定年年齢が改正され、昭和55年10月以降は、第一種職員は「男子65歳・女子55歳」、第二種職員（第一種職員以外の職員）は男女とも55歳とされていたが、男女雇用機会均等法施行の際、第一種職員の定年を男女とも65歳に統一する一方、第一種職員の女子については、第二種職員と呼び代える措置（呼称変更）をとり、原告ら第一種職員の女子に対しては第二種職員扱いをするようになった。その後被告は、第二種職員の定年を60歳に延長し、平成6年10月、原告は60歳に到達したことを理由として解雇されたことから、その無効を主張し、職員としての身分を有することの確認と賃金の支払いを請求した。
　仮処分では、債権者（原告）の請求が認められたが、本訴第1審では、

呼称変更により原告が第二種職員扱いとなり、そのことによって、55歳、その後も60歳定年を受けることとなったことから、呼称変更は原告の労働条件に不利益変更をもたらすものであって、原告の同意がない限り効力を発しないとの基本的見解を示しながら、原告はこのことに異議を述べなかったとして、原告の請求を斥けた。

　これに対し控訴審では、呼称変更は、第一種職員女子について、65歳定年の適用を回避し、55歳定年を維持しようとした措置といわざるを得ず、性別を理由とする合理性のない差別待遇であるとして、民法90条及び男女雇用機会均等法により無効と判断した。判決では、更に、第一種職員女子の定年年齢が男子より低く、第二種職員女子と同じとされていたのは、実際上、各職種につき男女別に定年年齢に格差を設けるという方針によると考えられることなどの事情を考慮すると、第一種職員女子についての呼称変更は、重要な労働条件の不利益変更に当たると指摘し、控訴人（原告）が第二種職員を対象とする給与の支給を受けることについて異議を述べなかったからといって、そのことだけで、呼称変更という名目で行われた実質的に第一種職員の地位を一方的に失わせる極めて不合理な措置を黙示的にも認めたとは認められず、本件呼称変更は、民法90条、男女雇用機会均等法に反する無効な措置であるとして、控訴を認容した。

(2)　DPAセンター結婚退職強要事件　東京地裁平成17年10月21日判決

> **結論**　結婚後も継続勤務を希望する女性社員に対し、社長が罵詈雑言を浴びせて退職に追い込むことは違法であるとして、慰謝料を認める。

　女性グラフィックデザイナー（原告）は、勤務する会社の社長（被告）に対し、結婚を報告するとともに、披露宴のスピーチを依頼したところ、被告は、原告が勤務継続の意思を明らかにしているにもかかわら

ず退職を迫り、更に「せっかくの縁を大切にしなさい、もう少し楽な仕事をしたらどうか、人の思いやりが理解できないのか」などと発言し怒鳴りつけた挙げ句、「君がこれ以上働きたいというなら、皆の前で君にどんな処遇をするか言ってやる」などと発言した。そして、被告は、原告の結婚披露宴のスピーチで「思い切って家庭に入ってその中で自分の役割をしっかり行ったらどうかと思っている」「デザイナーなのだから、これからは家庭を思うようにデザインしてください」などと発言し、更に新婚旅行から帰った原告に対し、夫やその家族について侮辱的な発言をし、原告が退職強要の中止等を求めて労働局長に対しあっせん申請をした際にも、一方的に原告を誹謗中傷するなどした。原告はこうした仕打ちに耐えかねて退職を余儀なくされたが、被告に対し、退職金の不足分、時間外割増賃金の未払部分のほか、精神的苦痛に対する慰謝料等185万円を請求した。

　判決では、被告の行為は退職勧奨に当たるとした上で、被告による退職勧奨は、女性は婚姻後は家庭に入るべきという考えによるもので、それだけで退職を勧奨する理由になるものではないし、その手段・方法も、一貫して就労の継続を表明している原告に対し、他の従業員の面前で叱責した上、結婚披露宴においても、原告の意に沿うものではないことを十分承知の上で自説を述べるなどし、結局原告を退職させているのであって、被告のした退職勧奨は違法であるとして、慰謝料等22万円の損害賠償を認めている。

(3)　**東光パッケージ夫婦退職勧奨・解雇事件**　大阪地裁平成18年7月27日判決

結論	小規模企業において同僚と結婚した女性社員にパート勤務を強要し、その後夫婦双方に退職を強要したことにつき、夫婦それぞれに対し慰謝料を認める。

　印刷会社（被告）に入社した女性デザイナー（原告B）は、会社の業績悪化を理由に退職を勧奨され（第一次退職勧奨）、その直後同僚の男性デザイナー（原告A）と結婚したところ、その翌年パート勤務に代わるよう求められ、それらが原因で抑うつ状態と診断されたことから、被告に対し謝罪と治療費の支払を請求した。被告は、その後、原告らが所属するデザイン室を閉鎖し、原告らに退職を強く求め（第二次退職勧奨）、解雇予告手当と退職金を一方的に振り込んだため、原告らは、被告の従業員としての地位の保全と賃金の仮払いを求めて仮処分を申請し、これが認容されて職場に復帰し、賞与の減額分、未払賃金及び慰謝料の支払いを請求した。

　判決では、第一次退職勧奨については不法行為に該当しないとしたが、第二次退職勧奨は、原告らの仕事場であるデザイン室を閉鎖し、配転の検討もしていないことから見て、退職の強要に当たり、不法行為を構成するとして、被告に対し、慰謝料として、原告Aにつき50万円、原告Bにつき80万円の支払を命じた。判決では、社長は原告らが結婚後も同じデザイン室で勤務することについて当初から嫌悪していたことが窺われ、そのことが退職勧奨及び解雇の原因となった旨判断している。小規模会社で、しかも同じ室で夫婦が共に仕事をすることについては、周囲もやりにくい面もあったかと思われるが、だからといって、職場結婚を理由に、解雇はもちろん、退職強要することも許されるものではない。また、仮に何らかの事情で、夫婦が同じデザイン室で勤務することに看過できないほどの問題があるならば、その点を具体的に原告らに説明した上で、一方を配転するなどの方法もあったのではないかという感を禁じ得ない。

第3章　男女による昇格・昇給等の差別

1　伝統的な女性観に基づく差別的取扱い

　労働基準法では、その4条において、女性であることを理由とした賃金差別を禁止している。ただ、賃金とはその労働に対する対価であるから、労働の内容が異なれば、それに応じて額が異なってくることは当然のことである。したがって、同じ仕事をしているにもかかわらず、女性であることを理由に賃金を低く抑えるような場合には労働基準法4条違反といえるが、女性には単純・定型的な仕事を与えて、その結果女性の賃金が男性のそれよりも低くなった場合、それは労働基準法4条違反とはならないと解されている。昭和61年4月に施行された男女雇用機会均等法では、配置、すなわち仕事の与え方については男女均等に扱うことが努力義務とされたことから、男女で差別的な配置をして、それによって女性の賃金が低く抑えられたとしても、法律違反の問題は生じないと解されていた。しかし、平成11年の同法の改正により、配置についても男女の差別的取扱いが禁止されたことから、配置における男女差別が認められれば不法行為として損害賠償が認められる可能性が高くなり、現に同改正以降に出された判決では、そうした観点での損害賠償を認める事例が見られるところである。

　昇格・昇給等の賃金差別は、労働における女性差別の中核をなすもので、それだけに裁判事例も豊富で、現在においても新しい事例が発生している状況にある。

(1)　秋田相互銀行男女賃金差別事件　秋田地裁昭和50年4月10日判決

> **結論**　就業規則上、賃金を男女別に定め、女子に対し男子より低い賃金を支払うことは、女子であることを理由とする差別待遇に当たり、労働基準法4条に違反する。

　本件銀行（被告）の給与規程においては、賃金を「本人給」と「職能給」で構成しているところ、本人給は、男子については(1)表、女子については(2)表が適用され、(2)表は(1)表に比べて、26歳以降は上昇度が低下し、各年齢ごとに徐々に賃金差が拡大する仕組みとなっていた。その後本人給は改定され、扶養家族を有する男子にはA表、扶養家族がない男子と全ての女子にはB表が適用されることになったが、扶養家族のない男子には調整給が支払われることから、A表と同額の賃金が本人給として支払われることとされた。結局、給与規程上の男女格差は、実質的にそのまま温存されたわけである。これについて(2)表及びB表が適用された女子行員7名（原告）は、(1)表又はA表が適用された男子行員と同額の賃金が支給されるべきであるとして、被告に対し実際に受給した賃金との差額を請求した。判決では、被告の男女別賃金表、扶養家族の有無による賃金表を設定して扶養家族のない男子には調整給を支払うやり方は、女子に対する差別的取扱いであり、女子であることを理由とした差別的取扱いに当たり、労働基準法4条に違反するとして、被告に対し差額賃金の支払いを命じた。

　今でも、賃金差別として裁判で争われる事例は少なくないが、さすがに本件のように給与表上男女に分けるような「分かりやすい」事例はないと思われる。本件判決が出された当時は、男女別定年も裁判上盛んに闘われていた時期であり、当時の意識としては「女性は短期間の雇用で、収入も家計補助的なものであるから、賃金を男女別にして何が悪い」という意識がかなり一般的なものであったと思われる。これは必ずしも使用者側だけの感覚ではなく、この頃の労働組合の春闘

スローガンに「母ちゃんが働かなくても食える賃金を寄越せ」という
ものがあったところを見ると、労使双方の一致した感覚だったのかも
知れない。

　上記のような分かりやすい男女賃金差別は、さすがに男女別定年制
が最高裁で否定された頃と概ね軌を一にしてなくなったようだが、制
度面ではともかく、運用面で男女賃金差を設ける取扱いはその後も続
いていた。運用による昇格、昇給等の賃金差別が争われた事例は非常
に多く、現在でもこうした裁判上の争いがなくなったわけではない。
これら賃金差別事件としては、次のような事例が挙げられる。

(2)　芝信用金庫男女昇格・賃金差別事件　東京地裁平成8年11月27日判決、

東京高裁平成12年12月22日判決

　民間企業において運用による男女の昇格差別が争われた事例は、特
に1990年代以降頻発しているが、その嚆矢となったのが本件と考えら
れる。本件は、信用金庫（被告）に勤務する女性職員13名（原告）が、
昇進・昇格において男性職員と差別的取扱いをされているとして、昇
進・昇格において男性と同等の取扱い、すなわち課長職の資格及び課
長の職位にあることの確認、男性と同等に昇進・昇格していたならば
支払われたであろう賃金と実際に支払われた賃金との差額の支給、慰
謝料の支払いを求めた事例で、そのインパクトの強さからみて、男女
の昇格・賃金差別事件として第一級のものといえる。

ア　第1審　東京地裁平成8年11月27日判決

結論	女性職員は、同期同年齢の男性職員と同時期に昇格したことを請求することができる。男女雇用機会均等法施行後も男性職員と女性職員との間での差別的取扱いが改善されていないとして、女性職員13名中11名について課長職の地位にあることを認める。

　判決では、男性職員については年功的要素を加味した人事政策によっ
てほぼ全員が副参事に昇格しており、このような人事政策は労使慣行
として確立していたこと、被告は女性職員を昇格の埒外に置いているが、
これは現行法秩序に違反し到底許されないことから、原告らは、同期
同年齢の男性職員と同時期に昇格したことを請求することができると
の判断をまず示した。その上で、被告に入職した男性職員は、その殆
どが業務全般を経験できたのに対し、女性職員は長期間にわたり事務職、
融資課に配置され、しかも比較的判断を要しない定型的・単純作業が
多かったと認められ、そうすると、被告は、男性職員に対しては管理
職となるための必修ともいうべき職務ローテーションを実施していた
のに対し、女性職員に対してはこれの対象外としていたのであるから、
この点において男性職員と女性職員との間に差別的取扱いをしていた
といえるとの判断を示した。しかし、判決では、このような考え方を
示す一方、女性職員に対する人事政策も、女性職員の勤続期間の長短、
それぞれの時代の下での経済的・社会的諸事情を背景としてなされた
ものであって、このような諸事情を離れて是々非々を軽々に判断する
ことはできないとしたものの、男女雇用機会均等法施行後も依然とし
て改善された形跡が窺われないのは、女性職員に対する人事政策上の
対応の適切さにおいて些か疑問を禁じ得ないとして、原告13名中11名
については課長職の地位にあることを確認した外、一定の範囲で差額
賃金の支払いを認めた。しかし、職員に対する職務配置は被告の人事
政策であり、希望どおりの職務を担当することができないのは常態で
あって、これは人事政策上やむを得ないとして、その点における原告
らの請求については棄却した。

イ　控訴審　東京高裁平成12年12月22日判決

結論　職員の昇格の成否は経営権の一部であるとしながら、男女
賃金格差の回復の手法として、資格の付与にまで踏み込ん

だ判断をし、労働基準法 13 条の類推適用により、副参事の地位に昇格したものと同一の法的効果を求める権利を認め、昇格を前提とした本人給、資格給、退職金の金額と実際に受給した金額との差額及び慰謝料等を認める。

　本件は、原告ら及び被告双方から控訴されたところ、控訴審では非常に詳細な見解を示している。すなわち、第 1 審被告（以下「被告」）は男性職員と女性職員との間における差別的取扱いをしていたとの疑義を生じさせ、このことは、被告に女性職員を管理職に登用する意思がなかったことを推認させるとしながら、このような人事政策は、女性職員の一般的な勤続年数の短さに由来するもので、各時代の下で経済的・社会的諸事情を背景としてなされたことも否定できず、このような諸事情を考慮の対象外として判断することは相当ではないとの判断を示した。しかし、男女雇用機会均等法施行後においても改善の形跡が窺えないのは、女性職員に対する人事政策上の対応の適切さに欠けると評価されてもやむを得ないと、この点では第 1 審の判断を踏襲している。

　第 1 審原告（以下「原告」）らは、基幹的業務から排除されたと主張したが、これについては、①得意先係や融資受付のような基幹的業務は、内勤業務とは異なった外勤業務としての特質及び高度の業務知識を兼ね備えていなければならないことや、女性職員の勤務時間・勤務場所、女性労働及び主婦としての役割分担等に関する考え方の時代背景の下で考慮判断されるべき問題を含んでいるので、原告らをそのような基幹的職務に配置しなかったからといって、直ちに被告が女性であることを理由とした差別的取扱いをしてきたとまで断ずることはできないこと、②研修差別については、男女雇用機会均等法施行前には、新入職員に対する研修を男女に分けて実施しており、その内容も、男性職員のそれは業務のほぼ全般に及んでいたのに対し、女性職員のそ

れは比較的定型的・単純業務に対応したものであったが、同法施行後は、新入職員に対する研修差別はなくなったこと、特に就業研修は、担当職務によって内容を異にすることには合理性があること、③職務配置と昇進差別については、被告では一定の職務ローテーションを履修することが管理者になるために必要と判断し、男性職員に対しては管理職になるための必要な職務ローテーションを実施しながら、女性職員はその対象外とし、男女雇用機会均等法施行後も改善が窺えないのは、女性職員に対する人事政策上の対応の適切さに欠けると評されてもやむを得ないこととの判断を示したものの、直ちに被告による意図的な男女差別を認めることは困難としている。とはいいながらも、昇格試験における学科試験及び論文試験において、評定者である店舗長らが、年功序列的な人事運用から完全に脱却できないままに、男性職員に対してのみ人事面、特に人事考課において優遇していたと推認できるとし、同期同年齢の男性職員のほぼ全員が課長職に昇格したにもかかわらず、女性職員が依然として課長職に昇格しておらず、特に昇格を妨げるべき事情の認められない場合には、原告らについては、昇格試験において、男性職員との差別を受けたため、昇格すべき時期に昇格できなかったと推認するのが相当であり、原告らと同期同年齢の男性職員の実際の昇格状況、原告らにおける昇格を妨げるべき事情の有無等について、個別具体的に検討し、昇格の成否について判断を加えることとしている。

　被告が採用している職能資格制度においては、資格と職位が峻別され、資格は職務能力とそれに対応した賃金の問題で本人給に関わり、昇進は職務能力に応じた役職（職位）への配置の問題であって役職手当に関連するのみであって、資格と定例給与は対応関係にあるといえるとして、昇格（資格の上昇）の有無は賃金の多寡を直接左右するものであるから、女性であるが故に昇格について不利益に差別することは、女性であることを理由として賃金について不利益な差別的取扱いをしているという側面を有するとみることができるとしている。

　ところで、労働基準法は、その3条において、使用者は「労働者の
国籍、信条又は社会的身分を理由として、労働条件において差別して
はならない」と規定し、その4条においては「労働者が女子であるこ
とを理由として、賃金について男子と差別的取扱いをしてはならない」
と規定しており、更に「この法律で定める基準に達しない労働条件を
定める労働契約は、その部分は無効とする。この場合において無効となっ
た部分は、この法律で定める基準による」こと（13条）、労働契約と
就業規則との関係については、労働契約法12条（就業規則で定める基
準に達しない労働条件を定める労働契約は、その部分については無効
とする。この場合において、無効となった部分は就業規則で定める基
準による）の定めるところによること（93条）を規定している。こう
した規定によれば、使用者は男女職員を能力に応じて平等に扱う義務
を負っており、使用者が性別により賃金差別をした場合にはこれを無
効とし、無効となった部分は、差別がないとした場合の条件下におい
て形成されるべきであった基準（賃金額）が労働契約の内容になる旨
示している。

　本判決は、結論に至るまでの、いわゆる前置き部分が非常に長く、
かつ詳細であることが大きな特色になっているが、いよいよここから
結論に至ることになる。

　すなわち、本件は女性であることを理由として直接賃金差別したと
いう事例ではなく、また特定の資格を付与すべき基準が労働基準法、
就業規則に定められているわけではないので、これらの規定が直接適
用される場合には当たらないとしながら、資格の付与が賃金額の増加
に連動しており、かつ、資格の付与と職位とが分離されている場合に
は、資格の付与における差別は賃金差別と同様に観念できるとした上
で、資格付与に関する基準が定められていなくても、資格の付与につ
き差別があったと判断される程度に一定の限度を超えて資格の付与が
なされないときは、労働基準法13条、93条の類推適用により資格を付

与されたとして扱うことができると解するのが適当であるとしている。これについては、経営権の侵害という批判が想定されるからか、更に、職員の昇格の成否は被告の経営権の一部であって、高度な経営判断に属する面があるとしても、単に不法行為に基づく損害賠償請求権だけしか認められず、このような法的効果を認め得ないとすれば、差別の根幹にある昇格についての法律関係が解消されず、男女の賃金格差は将来にわたって継続し、根本的に是正し得ないこととなるとの判断を示し、男女賃金差別の回復の手法として、損害賠償にとどまらず、資格の付与にまで踏み込んだ判断をしている。

　被告においては、副参事（課長職）の受験資格者である男性職員の一部に対しては、人事考課において優遇され、昇格試験導入前においては人事考課のみにより昇格し、昇格試験導入後においてはその試験に合格して副参事に昇格しているのであるから、原告らに対しても同様な措置を講じることにより同期同年齢の男性職員と同様な時期に副参事昇格試験に合格している認められる事情にあるときには、原告らが副参事試験を受験しながら不合格となり、従前の主事資格に据え置かれるというその後の行為は、労働基準法13条の規定に違反して無効となり、原告らは同条の類推適用により、副参事の地位に昇格したのと同一の法的効果を求める権利を有するとしている。

　こうした考え方を踏まえて、被告の原告らに対する人事考課における差別により、原告ら（1名を除く）は、本来昇格すべき時期に昇格できていなかったのであるから、昇格を前提にして支給される本人給及び資格給と実際に受けた賃金等の差額について、未払賃金として、原告らのうち退職した者は、更に昇格を前提とした退職金の額と実際に受けた額との差額について差額退職金として、それぞれ請求ができるとし、更に、被告の差別行為は原告らに対する不法行為にも当たるとして、被告に対し、原告らが差別により被った精神的苦痛に対する慰謝料及び弁護士費用の支払いを命じている。

　本件は、関連して組合間差別問題も絡み、被告の人事管理全般が問われたもので、特に、女性職員に対して、一種の「昇格請求権」とでもいうべき利益を認めた点で、男女の賃金差別を巡る争いの中でも非常に重要性の高い事件といえる。本件は、男女雇用機会均等法施行前における女性職員に対する差別的取扱いについては、女性の勤続期間の短さ、主として家庭責任を負っていることなど、当時の社会環境を背景として行われたものであるからやむを得ない面もあったとしているものの、第1審、控訴審とも、そうした男女差別的な取扱いが男女雇用機会均等法施行後において改善された形跡がない点を問題にしていることからすると、特に控訴審においては、男女均等取扱いを義務付けた平成11年の同法改正が、裁判規範としての同法の価値を大きく高めたということができよう。

(3)　社会保険診療報酬支払基金男女昇格差別事件　東京地裁平成2年7月4日判決

> **結論**　男性職員については一律昇格措置を採りながら、同一の試験で採用され、同一の業務を担当し、職務上の等級も等しかった女性職員については同様の措置を講じなかったことは合理的理由のない男女差別であるとして、昇格すれば得られたであろう賃金と現実に得た賃金との差額相当額、慰謝料等を認める。

　特殊法人である被告には約6000名の職員がおり、そのうち約5000名を組織するA労組と、約120名のB労組に分かれていた。B労組は昇格について組合間差別があったとして、被告に対し男性組合員の一律昇格を要求して被告がこれに応じたところ、今度はA労組から「逆差別」の声が上がり、A労組の男性組合員も一律昇格措置が採られたものの、いずれも女性職員の処遇改善については継続交渉事項となった。そこ

でB労組に所属する女性職員18名（原告）が、昇格における男女差別的取扱いは公序良俗に反するとして、同一勤続年数の男性と同時期に昇格した地位にあることの確認、差額賃金、慰謝料等の支払いを請求した。

　判決では、労働基準法3条、4条の趣旨から、労働条件に関する合理的理由のない男女差別の禁止は民法90条の公序として確立しているとした上で、被告が男性職員には一律昇格措置を採ったにもかかわらず、同一の試験で採用され、同一の業務内容を担当し、職務上の等級も等しかった女性職員について同様の措置を講じなかったことは、合理的理由のない男女差別であるとして、不法行為に基づき、昇格すれば得られたであろう賃金と現実に支給された賃金との差額相当額、慰謝料、弁護士費用の支払いを被告に命じた。被告は、男女間の格差についても労働協約で段階的に是正することとしているから違法ではないと主張したが、判決では段階的是正自体が男女差別であると切り捨てている。

　本件は、背景には複数組合間の様々なしがらみがあるものと推測されるが、それにしても給与規程に違反するような一律昇格を認めること自体異例なことといわざるを得ない。被告は、女性についてまで異例の措置を採ることはできないと主張しているが、「男性には給与規程に違反する異例の措置を採るが、女性には給与規程どおりやる」と言っても説得力があるとは思えない。乱暴な言い方をすれば、給与規程違反の措置を採るならば、毒皿で女性まで一緒にやってしまえば、このような裁判が起こることはなかったわけである。ただ、被告の職員6000名中、女性職員がその約半数を占めていたため、女性職員についてまで一律昇格をさせると、人件費コストがかかり過ぎると判断したのかも知れないが、仮にそうだとすれば、男性職員についても一律昇格などやるべきではなかったといえる。本件は控訴されたが、控訴審で和解が成立し、昭和53年当時の男性昇格基準（勤続年数）に達していた女性職員（原告ら18名を含む148名）も昇格したものとして、差

額賃金等が支払われて解決をみた。

⑷ **日ソ図書女性賃金差別事件**　東京地裁平成 4 年 8 月27日判決

> **結論**　入社時に、定型的・補助的な仕事に応じた低い格付けを受けた女性社員が、その後高度な仕事を担うようになってからも最初の格付けを引きづって、入社時期の近い男性社員より低い賃金とされたことは労働基準法 4 条に違反する。

　本件出版社（被告）において、入社当初は補助的な業務に就き、業務に応じた低い賃金を受けていた女性（原告）が、その後重要な仕事を任せられ、高い地位に就いたにもかかわらず、当初の賃金格差が維持され、男女差別を受け続けたとして、男性との差額賃金を請求した事件である。

　原告は、夫とほぼ同時期に被告に入社したことに対する社内の反発を避けるため、当初の 3 カ月はアルバイトとして勤務し、その後22年にわたって被告に勤務する一方、夫は原告の入社 2 年後に取締役に昇進し、その後18年間にわたって被告に勤務した。原告の入社 2 年後に有力社員が相次いで退職したことから、原告は店舗の責任者としての業務を 1 人で担当することとなり、入社14年後には本社課長待遇、その 1 年後には店長、更にその 3 年後（昭和57年）には次長待遇となり、昭和63年に被告を退職するまでの間、店長としての職務を遂行してきた。

　判決では、原告の賃金を入社時期が近い男性社員 4 名の賃金と比較しているところ、初任給については、原告が入社当初定型的・補助的な業務に従事していたから、格差には相応の理由があるとして、女性であることを理由とした不合理な差別的取扱いであったということはできないが、その後原告が次長待遇となった昭和57年以降の賃金格差には合理的理由がないから、原告が入社後に男性社員と質・量において同等の労働に従事するようになったにもかかわらず、初任給格差が

維持ないし拡大するに至った場合には、その格差が労働基準法4条違反となる場合があるとし、原告が次長待遇となった昭和57年の時点では、原告と男性社員との間の賃金格差は合理的な範囲に是正されていなければならなかったとの判断を示している。その上で、昭和57年以降の賃金格差は、原告が女性であることのみを理由としたものか、又は原告が共稼ぎであって家計の主たる維持者でないことを理由としたものであって、労働基準法4条に違反する違法な賃金差別であり、しかも適切な是正措置を講じていなかったことについて被告に過失があるから不法行為に当たるとして、被告に対し466万円の損害賠償の支払いを命じた。

(5)　三陽物産男女賃金差別事件　東京地裁平成6年6月16日判決

> **結論**　本人給について、男性には実年齢に応じて支給しながら、非世帯主の女性には26歳で頭打ちにすることは、労働基準法4条等に違反し無効である。

　本件会社（被告）においては、本人給（基本給の一部で最低生活費の保証を目的とするもの）について、①家族を有する世帯主の従業員には実年齢に応じて支給する、②非世帯主又は独身であっても勤務地を限定しない従業員については、同じく実年齢に応じて支給する、③非世帯主又は独身で、かつ勤務地を限定して勤務する社員については、26歳を超えても26歳相当のものを支給するとの基準で運用して来た。この基準に基づき、全部の男性社員には実年齢に応じた本人給が支給されていたのに対し、非世帯主の女性社員には26歳相当の本人給が支払われていたため、女性社員3名（原告）は、被告に対し、実年齢に応じた本人給の支払を請求した。

　判決では、被告は、世帯主、非世帯主の基準を絞りながら、実際には、男性については、非世帯主又は独身であっても、一貫して実年齢に応

じた本人給を支給してきており、被告は、女性の大多数が非世帯主又
は独身である社会的現実及び従業員構成を認識しながら、右基準の適
用の結果生じる効果が女性に一方的に著しい不利益になることを容認
していたと推測でき、本人給が26歳相当の本人給に据え置かれる女性
に対し、女性であることを理由に賃金差別をしたものといえるとの判
断を示した。その上で、非世帯主及び独身の社員に対し、26歳相当の
本人給で据え置くという基準は、女性の本人給が男性のそれより低く
抑えられる結果となることを容認して制定・運用されてきたものであ
るとして、被告に対し、労働基準法4条、13条の趣旨に照らし、原告
に26歳以降の実年齢に応じて支給することを命じた（支給額は442万
円余～214万円余）。

(6)　**石崎本店男女賃金差別事件**　広島地裁平成8年8月7日判決

> **結論**　男女間で賃金格差がある場合は、使用者側がその合理的理
> 由を立証しない限り、その格差は女性であることを理由と
> する不合理な差別と推認できる。中途入社の女性が同時期
> 入社の男性と初任給で差別され、その差がその後も維持さ
> れたことは労働基準法4条に違反する。

　自動車用ガラスの加工・販売等を業とする本件会社（被告）に中途
採用された女性（原告）は、自動車用ガラス加工業務に従事してきた
ところ、同種の業務を行う男性の中途採用者の初任給は年齢を基準と
して決定されているのに対し、女性の中途採用者は高校卒の新人女性
と同等であった。被告では、初任給を基準に基本給が決定され、基
本給を基準に賞与等が決定されるところ、原告は、被告に対し、初任
給について女性であることのみを理由として男性と差別されたとして、
男性との差額賃金、慰謝料等を請求した。

　判決では、男女間に賃金格差がある場合には、公平の観点から、使

用者側でそれが合理的理由に基づくものであることを立証できない限り、その格差は女性であることを理由としてなされた不合理な差別であると推認するのが相当であるとの基本的な考え方を示した上で、原告と、同時期入社の男性Aは、入社時には同じ組立作業に従事していたこと、組立作業の中に経験工、素人工という明確な区分がなかったこと、初任給決定の際に入社前の経験や資格が考慮されていたとは認められないことから、両名の初任給格差に合理的理由は見出せず、中途採用男女の初任給格差は、原告が女性であることのみを理由としてなされた不合理な差別と判断した。その上で、被告には賃金表などの客観的支給基準が存在せず、原告についてAと同等の初任給を支払う旨の労働契約が成立して差額賃金請求権が発生したとは解せないとしながら、被告は、原告が女性であることのみを理由として、男性との間で初任給差別をし、その後も賃金差別を維持したものであるから、右差別は労働基準法4条に違反し、公序に反するものとして不法行為を認定した。結局、原告と年齢・入社時期の近似するAら3名の初任給を基準として、その賃金格差の平均額をもって原告の損害額とするのが最も合理的であるとして、原告について、賃金格差是正のための真摯な努力を無視され、これにより差額賃金相当の賠償のみでは慰謝されない精神的苦痛を被ったことを理由に、被告に対し、慰謝料30万円を含め総額750万円余の支払いを命じた。

⑺　シャープエレクトロニクスマーケティング男女昇格差別事件　大阪地裁平成12年2月23日判決

結論	昇格の遅延は女性であることを理由とする差別に当たるが、係長に昇進しなかったことは差別に当たらない。昇格差別は男女差別に当たり、これに伴う賃金の抑制は不法行為を構成するとして損害賠償を認める。

　本件会社（被告）に、高校卒の学歴で不定期入社した女性（原告）は、関連会社Ｌ社等に移籍した後被告に移籍し、労働条件は全て原告とＬ社との労働契約をそのまま被告が承継した。被告の親会社Ｓ社及び被告を含む「オールＳ」では、賃金制度やその運用は同一であるところ、オールＳにおいても男女間格差が存在し、高校卒採用者は、25歳以降は年齢が上がるほど男女間格差は鮮明になり、女性は34歳になるとなかなか格付が上がらなくなり、不定期採用の男女間も同様であった。原告は、同一条件の男性の平均賃金と比べ、低い格付けに留め置かれたと主張し、昇格した地位の確認及び債務不履行又は不法行為を理由とする損害賠償を請求した。

　判決では、原告の昇格の遅延は女性であることを理由とする差別に当たるが、係長に昇進しなかったことはこれに当たらないとして、格付の差別に伴う賃金の抑制を不法行為と認め、次のとおり、被告に対し男性との差額賃金の支払いを命じた。

　Ｌ社においては、高齢になるに伴い、男性が女性より上位に格付されているとの傾向がみられていることや、人事制度が恣意的に運用されている可能性を孕んでいること、職種別賃金制度の下では基本的にはいかなる仕事に配置されるか個人格付を決定する上でとりわけ重要であることなどと相まって、右の格差を正当とする合理的な理由がない限り、原告に対する仕事配置における男女格差を推認できないものではない。原告は、27年間、Ｍ４又はＢ３に留め置かれたが、原告と同年齢のオールＳ高校卒男性でＭ４に格付けされた者は、昭和53年度以降は認められないから、昭和52年度までに存在したＭ４に格付されていた男性が仮に原告と同期入社であるとしても、殆どの男性は入社後10年（高校卒入社の場合は14年）までに、遅くとも14年（高校卒で定期入社の場合は18年）までに昇格したと推認される。このように、男性については、原告と同様にＭ４又はＢ３に18年を超えて留め置かれた例が認められず、殆どの男性は遅くとも入社後18年までにはＭ５

又はB4に昇格したものといえる。原告は、M4又はB3の職務について大きな失敗を犯したことはなく、それなりの努力はしてきたと認められ、平成3年にB4に昇格したところ、原告が、男性の最も長期の期間より10年程度も長い27年間M4又はB3に置かれたことは、女性を単純労働の要員としてのみ雇用するという風潮を反映したものといわざるを得ず、その合理性を肯定することはできない。したがって、原告の昇格の遅延は、性を理由とした差別といえる。

昭和54年に業務課に配置された後の原告の勤務状況を見る限りでは、原告は上位格付を可能にするような能力を発揮したとは必ずしもいえないことからすれば、昇格がある程度遅れてもやむを得ないところがある。しかし、昭和55年度には改善の傾向が認められること、同年に担当職務を変更していることなどの事情を考慮して、遅くとも昭和60年4月にはB4に昇格させるべきであったと認める。

被告では、係長への昇進は、S3に格付されることが必要とされており、原告は未だB4でしかないから、原告に関しては、未だ係長に昇進しないことをもって、これを男女差別によるものとは認められない。L社は、昭和60年4月から平成2年3月まで、原告をB3のまま留め置いたが、これは男女差別といわざるを得ない。性を理由に格付を差別し、その結果賃金に差を設けることは、労働基準法3条及び4条に反するものであり、不法行為を構成する（損害賠償額550万円）。

(8)　住友化学工業男女昇格・賃金差別事件　大阪地裁平成13年3月28日判決

| 結論 | 原告らが入社した当時は、男女の役割分担意識が強かったこと、女子は短期間で退職する傾向が強かったこと、我が国の企業では、男子は長期雇用、女子は短期雇用を前提に人事管理をすることが少なくなかったこと、女子には深夜 |

労働などの制限や出産に伴う休業の可能性があることなどから、高校卒の女子を定型業務にのみ従事する従業員として採用したことをもって公序良俗違反とはいえない。

　勤務歴30年前後の女性従業員3名（原告）が、同時期入社の同学歴男性従業員との間で昇進・昇給等で違法な賃金差別を受けたとして、主位的には不法行為に基づき賃金格差相当額等の損害額約1億6000万円の支払を求めた事件である。原告らは、予備的請求1として、会社（被告）には違法な差別の是正義務があるところ、系列転換審査制度を男女差別的に運用したことによって女性は系列転換を果たすことができなかったが、これは是正義務の不履行であり、違法な男女差別であると主張して同様の損害賠償の支払いを求めた外、予備的請求2として、是正義務の不履行によって、男女平等に取り扱われる期待権、人格権を侵害されるという精神的苦痛を被ったとして慰謝料等の支払を請求した。

　判決では、採用区分が「女子」であることを理由とした点では問題があるとしても、高校卒女子は高校卒男子ほど能力水準を要求されることはなく、入社後専門職務に従事することもできたのであって、3種（男子用）採用の処遇を受ける機会は保障されていたとの判断をまず示した。その上で、原告らが入社した当時は、未だ男子は経済的に家庭を支え、女子は家事育児に専念するという役割分担意識が強かったこと、女子が働くのは結婚又は出産までと考え、短期間で退職する傾向にあったことから、我が国の多くの企業においては、男子に対しては定年までの長期雇用を前提に、企業内訓練などを通じて能力を向上させようとするが、女子に対しては定型的・補助的な単純労働にのみ雇用することが少なくなかったこと、女子に深夜労働などの制限があることや出産に伴う休業の可能性があることなども女子を単純労働要員としてのみ雇用する一要因となっていたこと、社会一般の意識と

しても、女子を危険有害業務などに配置することへの抵抗が強かった
ことなどから、高校卒女子を日常定型業務にのみ従事する社員として
採用したことをもって、当時の公序良俗に違反するとまではいえない
として、原告らの請求を棄却した。

本判決は、男女均等取扱いを義務付けた改正男女雇用機会施行の2
年後に出されたものであるが、それにしては古色蒼然とした色彩に満
ちている。判決の内容を要約すれば、女性は早く辞めるし、残業規制
や深夜労働の禁止があり、更には出産による休業なども起こる使い勝
手の悪い労働力だから、企業としてコストをかけてまで育てることを
しないのも合理的な判断であって、そのために最初から男女の入口を
別にしておいても構わないという、少なくとも一昔前の多くの男性の
意識を正直に吐露したような判決といえる。本件は原告側が控訴したが、
平成16年6月、原告それぞれに500万円の解決金を支払うことで和解した。

(9)　住友電工男女昇格・賃金差別事件　大阪地裁平成14年11月29日判決

> **結論**　男女の間には、社員としての位置付けの違いによる採用区分、
> 職種の違いが存するから、これを直ちに男女差別の労務管
> 理の結果ということはできない。昭和40年代頃には、会社
> が高校卒女子を定型的補助的業務にのみ従事する社員とし
> て位置付けたことをもって、公序良俗違反とすることはで
> きず、会社が女子を補助的業務の要員として採用し、処遇
> してきたことに違法な点はない。

本件会社（被告）では、昭和41年改定の制度（旧制度）において、
職種を管理職、専門職、作業職、保安職、庶務職、医療職に区分し、
昭和62年改定の制度（現行制度）においては、経営職、管理職、技術職、
一般職、専任職に区分していた。被告では、事務職高校卒男性従業員
は昭和58年までに全て専門職に転換したが、高校卒女性従業員で専門

職に転換した者はいなかった。被告で勤務する高校卒の女性従業員2名（原告A、B）は、女性であることのみに基づいて、同じ事務職の同学歴の男性従業員との間で、昇格、昇進、昇給等において差別を受け、その結果大きな賃金格差を受けるに至ったとして、主位的には同時期入社、同学歴男性従業員との賃金格差相当額の支払を、予備的に男女間格差を是正しなかったことは不法行為又は債務不履行に当たると主張して、被告に対し、賃金格差相当額の損害賠償を請求した。また、原告らは、男女雇用機会均等法に基づき調停申請をしたのに、婦人少年室長は機会均等調停委員会に調停を行わせなかったとして、国に対し、国家賠償法に基づき、各100万円の損害賠償を請求した。

　判決では、次のように、原告らの請求をいずれも棄却した。

　まず、主位的請求については、事務職採用においては、女子の昇進は男子に比べて著しく遅く、賃金格差も著しく大きいとしながら、高校卒男子は、学科試験、適性検査及び面接等により採用が決定される一方、高校卒女子については、事務所ごとに作成した試験問題による学科試験、適性検査及び面接により採用を決定しており、研修についても、男子には2カ月半の長期研修、女子には13日間の短期研修のみが行われる等、採用当初から異なる扱いをしていた。被告においては、①当時女子に勤務地の変更を伴う転勤は考え得なかったこと、②一般的に女子は勤務期間が短く、キャリアの蓄積が期待できなかったこと、③労働基準法の女子保護規定など法的制約も多く、女子を多忙なポストに就けることは困難であったことからすると、原告らが比較対象とする高校卒男子が全て専門職に転換し、そのほとんどが管理職へ昇進しているから、原告ら女子とは既に職種、身分を異にしており、採用から比較時点まで20～30年が経過していることを併せ考慮すると、現時点で賃金格差が生じていることは格別不可解とはいえない。原告ら高校卒女子は、定型的補助的業務に従事する位置付けであるから、その多くが一般職に留め置かれることも当初から被告が予定した

ものであり、その結果、現在では職種、職分、職級を異にすることとなり、それが著しい賃金格差に繋がっているとしても、両者の間には、社員としての位置付けの違いによる採用区分、職種の違いが存するから、これを直ちに男女差別の労務管理の結果ということはできない。

　被告が、一方で幹部候補要員である本社採用から高校卒女子を締め出し、他方で定型的補助的業務に従事する職種に専ら高校卒女子を配置する職種と位置付けたことは、男女差別以外の何物でもなく、憲法14条の趣旨に反するが、同条は私人間に直接適用されるものではなく、労働基準法も採用における男女間の差別禁止規定は有していない。憲法14条の趣旨は私人間でも尊重されるべきであって、雇用の分野においても不合理な差別が禁止されるという法理は既に確立しているといえるが、他方では、企業にも採用の自由が認められているから、不合理な差別か否かの判断に当たっては、これらの諸権利間の調和が図られなければならない。

　昭和40年代頃は、男子は経済的に家庭を支え、女子は家事育児に専念するという役割分担意識が強かったこと、女子が企業で働く場合でも、結婚又は出産までとする傾向があったこと、このようなことから、男子には定年までの長期雇用を前提とするが、女子に対しては定型的補助的な単純労働の要員としてのみ雇用することが少なくなかったこと、女子に深夜労働などの制限や出産に伴う休業の可能性があることなども、女子を単純労働の要員としてのみ雇用する一要因となっていたことが考慮されなければならない。現時点では、被告の採用方法が受け入れられる余地はないが、原告らが採用された昭和40年代頃の時点でみると、被告が高校卒女子を定型的補助的業務にのみ従事する従業員として位置付けたことをもって、公序良俗違反とすることはできない。そうであれば、被告が原告らを補助的業務の要員として採用し、処遇してきたことに違法な点はない。

　予備的請求についても、原告の請求は全て棄却された。

　また、男女雇用機会均等法に基づく調停をしなかったことについての国家賠償請求は棄却された。

⑽　**イセキ開発工機女性社員降格・賃金減額事件**　東京地裁平成15年12月12日判決

> **結論**　女性を参事に昇格させなかったことは女性差別には当たらないとしながら、新給与制度による降格かつ大幅な減給は労働契約の内容を逸脱しているとして、差額賃金及び慰謝料を認める。

　本件会社（被告）に勤務する女性社員（原告）は主事に昇格したが、能力考課は毎年Bで、参事昇格条件であるAに達しなかった。被告は平成11年11月の就業規則の改正（改正後の就業規則を「新規則」）に当たり、社員に対し、事前にその内容を通知した上で、新給与制度について同意を求めたところ、原告も同意書に署名押印した。その後被告は原告に対し新給与を通知したところ、その内容は降格かつ大幅な減給であったことから、原告は、長期にわたって主事に滞留させられ、本件新給与において降格かつ大幅減給されたことは、女性であるが故の差別であるとして、被告に対し、参事としての地位の確認と、差別がなかった場合との差額賃金及び慰謝料を請求した。

　判決では、原告を参事に昇格させなかったことは、女性差別には当たらないとしながら、新給与制度における格付は労働契約の内容を逸脱しているとして、次のように、被告に対し、差額賃金及び慰謝料の支払いを命じた。

　平成11年11月までに参事に昇格した者は23名であり、原告の主事滞留期間9年5カ月を超えて主事に留め置かれた者が15名いたこと、この間の退職者を除いても、参事に昇格していない者が原告以外に4名おり、これらの者の主事滞留期間はいずれも13年以上と認められると

ころ、これらの各事実によれば、被告において、主事から参事への昇格について年功的な運用がされていたとは認めるに足りない。主事から参事への昇格のためには、能力評価の総合評価で「A」を取得し、考課者の推薦が必要であったと認められるが、原告の総合評価は毎年「B」であったから、原告は参事昇格の条件を満たしていたとはいえない。したがって、原告が参事に昇格しなかったことは、女性であるが故の不利益取扱いとはいえない。

　新規則は、従業員にとって就業規則を不利益に変更するものといえるが、本件では、原告は新規則について知らされた上、これに同意したものであるから、新規則の適用を受ける。職能資格制度において、人事評価に従って資格等級・号俸を格付けることは、使用者の人事権の行使であり、就業規則や労働契約に根拠がある限り原則として自由であり、権利濫用や、女性であることによる差別と認められる場合にのみ無効となる。本件においては、被告が行使できる降格及び賃金減額の権限は、原告の同意の趣旨に著しく反するものであってはならず、これに反するときは、権利の濫用となる。

　原告は、平成3年4月から平成10年4月まで旧規則における能力考課において、主事として「現有資格レベルは概ね満足できる」とのB評価を8回連続して受けていたこと、平成9年度及び10年度実施能力評価において「理解・判断・処理力」や「改善・企画力」はB以上の評価を受けていたこと等に照らし、原告が2級10号と評価され、旧規則において支給されていた基準給、資格給及び住宅手当の合計から31％、1万2300円の減額をされることは、旧規則における能力考課の方法を著しく逸脱しており、本件同意書の趣旨に著しく反する。したがって、本件格付けは、労働契約上付与された降格権限を逸脱するものとして無効であり、原告は旧規則の主事として従来支給されていた月額35万7300円の賃金請求権を有する。

　原告の損害額、旧規則における原告に対する資格等級格付けは、女

性であるが故の不利益取扱いによるものではないから違法とはいえないが、新規則での本件格付けは労働契約の内容を逸脱して原告の賃金を減額するものであるから違法である。差額賃金の支払のみでは原告の精神的苦痛は慰謝されない一方、被告は賃金減額を受ける原告の生活に配慮し調整金を支払ったこと、本件訴訟提起前に本件格付について一定程度の説明を行ったこと等の事情を考慮して、慰謝料は50万円と認める。

(11)　**昭和シェル石油男女昇格・賃金差別事件**　東京地裁平成15年1月29日判決、東京高裁平成19年6月28日判決

結論	賃金の男女格差は従事する職に由来するとは認められず、会社は事実上男女別の昇格基準により昇格の運用を行っており、その結果男女間に著しい賃金格差が生じているとして、会社に対し差額賃金の支払いを命ずる。

　昭和60年1月に合併してできた本件会社（被告）は、合併後、管理専門（M）、監督企画判定職（S）、一般職（G）に分かれ、Gが更に1〜4までの4段階に分けられていた。昭和26年に合併前のS社に入社した女性社員（原告）は、合併時にG3に位置付けられその後G2に昇格したが、その後は退職までG2に据え置かれ、人事考課も平成4年の退職まで5段階の3番目とされていたことから、賃金差別又は配置・昇進に関する差別を受けたとして、被告に対し、差額賃金等損害賠償を請求した。これに対し被告は、原告の仕事は定型的なものであり、原告は、意欲に欠け、上司や同僚との協調性にも欠けていたこと、男性は二交替等現場部門に従事するのに対し、女性は一般事務に限定されていたこと、男性は種々の職務に従事し、多岐にわたる職務上の知識・経験を求められるのに対し、女性は一般事務のみに従事してきたこと、女性は平均勤続年数が男性より短いことを挙げて、男女間の賃

金差の合理性を主張した。

　第1審判決では、次のように、被告では男女間に著しい賃金格差が生じているとして、被告に対し、差額賃金4500万円余の支払を命じた。

　合併前の会社では、男女間で、同一学歴者のランク、同一ランクにおける定期昇給額、同一年齢者における本給額のいずれにおいても著しい格差があり、また、合併後の会社においても、職能等級制度、職務職能定昇評価、本給額のいずれにおいても、男女間で著しい格差がある。改正前の男女雇用機会均等法が配置・昇進に関する男女の均等取扱いについて努力義務に止めたのは、女性の勤務年数が男性より短いという一般的状況を背景としたものであることを考慮すべきであるが、被告においては、業務の内容がさほど異ならない男女の間でも賃金等に格差があること、専ら現業部門に従事する男性の賃金が事務部門の男性よりも高いとはいえないことからすると、賃金の男女格差は従事する職の配置に由来するとは認められず、更に被告においては、事実上男女別の昇格基準により昇格の運用を行っており、その結果男女間の本給額等に著しいい格差を生じており、当時の社会的状況を考慮しても、被告の行為の違法性は否定できない。

　本件は被告側から控訴されたが、控訴審でも、第1審と同様、合併前だけでなく合併後においても、職能等級制度、職務職能定昇評価、本給額のいずれにおいても男女間で著しい格差が存在すると認定した。

　控訴審判決の特色は、被控訴人（原告）の仕事内容の変遷に応じ、それぞれの期間毎に詳細に違法性の有無を判断している点である。すなわち、被控訴人は入社後21年間は和文タイプ業務を専門にし、当時の女性社員が補助的・定型的な業務に従事していたことなどから、男女の賃金格差は不法行為に該当しないとし、またその後合併に至るまでの期間も、被控訴人はタイピストの業務からは離れたものの、国際テレックスの発信、データ伝送などタイピストと類似の仕事をしており、当時も女性社員は未だ補助的・定型的業務に従事することがほとんど

であったことから、被控訴人に対する処遇が不法行為に当たるとまでは認められないと判断した。

　これに対し、合併から退職までの間については、合併の際の格付けに当たって、被控訴人は1ランク下だった男性に逆転され、女性の中でも特に不利益が大きかったとして、合併時の格付けに問題があったと指摘した。そして、合併に伴う格付に当たり、何ら合理的な理由なく男女間で著しい相違を設け、被控訴人について合併1年後にG2に昇格させて以降退職までこれを維持した措置は、女性であることを理由として賃金について男性と差別的取扱いをしたと判断し、その上で、男女雇用機会均等法が施行されてから1年9カ月を経過した昭和63年1月以降、控訴人が男女の差別的取扱いを維持し、被控訴人をG2のまま据え置いた措置は不法行為に該当するとして、差額賃金2051万円余と、第1審で認められなかった慰謝料200万円の支払いを控訴人に命じた。

　控訴審判決では、男女雇用機会均等法8条（現行6条）について、かなり詳しく見解を披歴し、控訴人の取った措置が問題であったと指摘している。すなわち「同法8条は配置及び昇進に関する男女労働者の均等取扱いを使用者の努力義務としたが、配置及び昇進に関する男女労働者の均等取扱いを努力義務に止めたことの背景には、当時、多くの企業で終身雇用制を前提とした配置、昇進等の雇用管理が行われていたことと共に、女子労働者の勤続年数が男子労働者に比べて短いという一般的状況が存したことは控訴人の指摘するとおりであり、違法性の判断をするに当たっては、このような社会的状況を考慮すべきではある。しかし、同法8条が努力義務を定めているのは『労働者が配置及び昇進について、女子労働者に対して男子労働者と均等な取扱いをする』という法の定めた実現されるべき目標が達成されていなくても、民事上もそのことのみで債務不履行や不法行為を構成するものではないが、他方、法の趣旨を満たしていない状況にあれば、労働大

臣あるいは婦人少年室長が事業者に対し、報告を求め、又は助言、指導若しくは勧告するという行政措置をとることができる（同法33条＝現行26条）のであり、単なる訓示規定ではなく、実効性のある規定であることは同法自体が予定しているのである。したがって、上記目標を達成するための努力を何ら行わず、均等な取扱いが行われていない実態を積極的に維持すること、あるいは配置及び昇進についての男女差別を更に拡大するような措置をとることは、同条の趣旨に反するものである。」

⑿　昭和シェル石油男女昇格・賃金差別事件　東京地裁平成21年6月29日判決

結論	女性社員の昇格地位の確認請求は棄却したが、旧制度では男女別の基準で昇格管理が行われており、新制度移行後も、改善されたとはいえ、旧制度と連続性をもった昇格管理が残存し、違法な男女差別が行われていたとして、一部損害賠償を認める。

　本件は、⑾の訴訟が提起された翌年、同じ会社（被告）を舞台に12名の女性社員が、昇格における男女差別を理由に、昇格後の資格の確認、本来受けるべきであった賃金と実際に受けた賃金との差額、慰謝料等を請求する訴訟を提起した事件である。

　判決では、少なくとも合併後8年を経過した平成5年及びその前後においては、資格及び賃金について、原告ら12名を含む高校卒、短大卒の女性社員は、男性社員に比べて資格の面、平均本給額の面で著しい格差があったと認定したが、一方、新制度では旧制度に比較して男女格差が縮小していることを認めており、被告の対応について一定の評価をしている。また、原告らは、平成13年以前においては、所属する労働組合の方針に従い、人事考課の前提となる目標管理制度への参

加を拒否しており、これは人事考課の上で一定程度不利益な取扱いを
受けることを甘受すべきであって、本件訴訟提起直前の平成15〜16年
度の人事考課は特に不合理な点はないことから、裁量権の逸脱、濫用
に該当するような事情は見当たらないとしている。そして、平成5年
及びその前後には男女別の基準で昇格管理が行われており、少なくと
もその時点までは原告らは資格及び賃金面で違法な男女差別を受けて
いたとして、新制度実施後は基本的に男女別の昇格管理はなされてい
ないものの、必ずしも成果主義が徹底されていないこと、旧制度下と
連続性をもった昇格管理が行われ、実態としては男女間の昇格差別の
影響がなお残存していると評価し、1名を除いて違法な男女差別によ
る処遇を受けていたとの判断を示した。

　しかし、原告らが求めた昇格地位等の確認請求については、年功
的要素の強かった旧制度においても、G1より上位の昇格については、
昇格の有無及び年数について個人間の差が見られるし、まして成果主
義に基づく新制度においては、全ての資格において個人間で差が見ら
れるようになっており、原告らのうち9名の昇格地位等確認請求につ
いては失当として斥けられた。また、被告が原告らに対し、女性であ
ることを理由に賃金について差別的取扱いをしたことは労働基準法4
条に違反するとしながら、賃金は資格の格付けと連動する部分がある
ところ、昇格について明確な基準が見られないこと、平成5年度から
平成16年度における原告らに対する人事考課には特に不合理な点は見
当たらないこと、同年齢・同学歴・勤務実績同等の男性社員がいない
ことなどを挙げて、原告らに適用されるべき賃金の明確な基準が存在
しないとして、原告らの差額賃金請求を棄却した。

　一方、そうはいいながらも、被告においては依然として男女間に著
しい格差が、特に賃金面で認められ、男女差別的な取扱いは改善され
つつあるとはいえ、なお不当な男女間の差別的な取扱いが残存してい
るから、被告がこれを維持している点で、労働基準法4条に違反し、

不法行為に基づく損害賠償責任があるとして、一部消滅時効を認めつつ、原告らにつき、690万円から230万円の損害賠償を認めた。

⑬　**名糖健康保険組合男女昇格・賃金差別事件**　東京地裁平成16年12月27日判決

> **結論**　原告らより勤続期間が短く、同様な業務に従事し、当初は労働能力が劣る男性職員に対し、採用時から原告らより高い賃金を支給してきたことは労働基準法4条に違反するが、直接比較対照すべき男性職員が存在しないとして原告らの差額賃金の請求を棄却する。原告らより高額の初任給で男性を採用して以降については慰謝料を認める。

健康保険組合（被告）に勤務する女性職員3名（原告A、B、C）は、いずれも採用後20年前後で主任に昇格したところ、男性がいずれも一定の勤続年数によって管理職に昇格し、原告らより後に採用された男性も課長に昇進して高い賃金を受けているのは、女性であることを理由とする差別であるとして、主位的には労働契約に基づき、入社時からの差額賃金、予備的には不法行為に基づく差額賃金相当額の損害賠償を請求するとともに、Cについては差別がなければ次長職に昇格していたはずであるとして、労働契約に基づく地位の確認を求めた。

判決では、原告らより年下で、勤続年数も短く、原告らと同様な業務に従事し、当初は原告らよりも労働能力が劣ると推認される男性に対し、採用時から原告らよりも高い賃金を支給してきたことは、女性を男性と比べて不利益に取り扱ったといわざるを得ず、この扱いは労働基準法4条に明らかに反するものであるとの判断を示した。しかし、客観的な給与決定基準が存在せず、直接比較対照すべき男性が存在しないことから、被告による賃金決定が違法・無効となるとしても、原告らの賃金額を一義的に決定すべき法的根拠を見出し難いとして、原

告らの差額賃金請求を失当と判断した。

　一方、被告は、遅くとも原告らよりも高額の初任給で男性を採用した平成3年3月以降は、労働基準法4条違反と認識しつつ男女差別の違法行為を続けていたとして、同時期以降の不法行為の成立を認め、原告らに対する慰謝料等の支払いを命じた（Aにつき594万円余、Bにつき601万円余、Cにつき666万円余）。なお、原告Cによる次長の職位にあるとの確認請求については、役職に昇進させるか否かは、本来使用者の幅広い裁量に委ねられるものであり、被告において、一定年数勤続すれば当然に役職に昇進するという労使慣行等は認められないとしてこれを棄却した。

⑭　阪急交通社男女昇格差別事件　東京地裁平成19年11月30日判決

結論	長期間一般職に据え置かれた女性につき、昇格を妨げる事情は見当たらないこと、会社は昇格に当たって男性を優遇していることを認定し、女性に対し差額賃金及び慰謝料を認める。

　本件旅行代理店（被告）に、昭和42年9月から勤務した女性（原告）は、昭和54年4月に一般職の2等級2格に昇給し、平成2年の賃金制度改正により、従来の2等級2格に相当する一般職1級に格付けされた。平成11年の改定時には、原告の在級年数は20年に達していたが、同年の人事考課では評定はB（できれば昇格させたい）、平成12年及び平成13年の人事考課ではC（昇格の必要なし）とされた。原告は昇格の遅れを認識し、平成10年及び平成12年に組合を通じて異議申立てをしたが、納得できる回答は得られなかった。原告は、平成13年12月をもって、早期退職優遇制度を利用して退職したが、女性であることを理由に一般職に止め置かれるという差別を受けたとして、賃金、賞与及び退職金の差額（4000万円弱）並びに慰謝料等1000万円強を請求した。

　判決では、被告では、一般職から監督職への昇格には在級10年とあり、原告については昇格しない例外的事由が見当たらないにもかかわらず一般職に据え置かれていること、被告は男性社員を女性社員より優遇している状況が看取でき、平成11年の原告の人事考課がBであるにもかかわらず、翌年昇格していないことなどからすると、原告は女性であることを一因とした不当な差別を受けていることを推認できると指摘した。その上で、被告は、昇格について男性を優遇し、女性を上位等級に登用しない傾向にあり、原告に対する処遇は、平成2年以降は妥当性を欠くものとして、少なくとも平成11年以降は不当な取扱いが推認され不法行為を構成すると指摘し、不当な差別待遇により昇格させられなかったことによる差額賃金の支払いを認めた（平成13年11月以前は消滅時効が完成しているとして、賃金差額は総額3万円余）。また、被告の不当な査定により昇格しないことが原告にとって相当程度のストレスになっていたこと、被告が女性を上位の職能等級に登用しない傾向を有し、組織的に不当な対応をしていること、原告も昇格しないことへの苛立ちから嫌気がさし、早期退職を選択するに至っていることなどを考慮して、慰謝料等120万円を認めた。

⒂　**中国電力男女昇進・賃金差別事件**　広島地裁平成23年3月17日判決、広島高裁平成25年7月18日判決

結論	大数観察の結果、かなり男女間に昇進差が見られるが、男性よりも早く昇進している女性もいること、人事考課によって差が生じることはやむを得ないこと、女性は平成11年3月まで、法律上活躍の場が制限されていたこと、女性の多くは管理職登用を望まないこと、結婚・出産等によって早く退職していることなどを考慮すれば、会社の昇進管理は男女差別には当たらない。

　本件は、電力会社（被告）に勤務する女性社員（原告）が、昇進に係る男女差別、被告に対する各種問題提起等に対する報復などにより昇進を抑えられたとして、本来の職位にあることの確認とそれに見合う賃金の支払い及び昇進差別や嫌がらせに対する慰謝料（1200万円）などを被告に請求した事件である。

　被告の資格・職能等級は、特別管理職（参与、副参与、参事、副参事）、一般管理職（管理1級から管理3級まで）、一般職（主任1級、主任2級、主務1級から4級まで）に区分されていた。原告は、同期同学歴（高校卒事務職）の間で、平均的に見て昇進において大きな男女格差があることから、被告は昇進について男女差別を行っている旨主張した（主務1級の在級年数は、男性5.17年、女性6.52年。主任1級になるまでの在級年数が8年以下の者が、男性84.3%、女性14.3%。管理3級以上の者は、男性57.8%、女性5.7%。入社27年後における原告と同期の高校卒事務職のうち主任に登用された者の割合は、男性80.7%、女性11.4%等）。

　第1審判決では、大数観察をした場合、昇進において相当な男女差があることを認めたものの、①女性の方が男性より短い在級年数で昇進している例もあること、同期同学歴で女性よりも後に主任になった男性も複数見られることなどから、男性は一定の勤続年数で機械的に昇進させるが、女性についてはこれを超える勤続年数がなければ昇進させないという取扱いが行われていたとはいえないこと、②業績考課、能力考課によって個々人に評価の差が出るのは当然であること、③平成11年3月までは、女性の深夜労働の禁止、時間外・休日労働の制限といった労働基準法の女子保護規定の存在により、女性の活躍の場が制限されていたこと、④平成9年に実施された被告における女性の意識調査の結果によると、家庭生活との両立等の理由で、管理職にチャレンジしたいと思わない女性の数は75%にも上っており、女性の多くは34歳までに自己都合退職をしていることから、そうした個々の事情

を捨象した単純な在級年数の平均値の比較のみから男女差別があるとはいえないと指摘した。また、原告は、人事考課の基準が間接差別に該当するとも主張したが、「1級上位の等級の能力発揮が期待できる」といった評価を満たす者の比率が男女間で相当程度異なってくるとは考え難いとして、間接差別を否定している。すなわち、判決では、大数観察をした結果、昇進においてかなりの男女差が見られることを認めながら、男性よりも早く昇進している女性もいること、人事考課によって差が生じることはやむを得ないこと、女性は平成11年3月まで、法律上活躍の場が制限されていたこと、被告における女性の意識としても管理職登用を望まない者が多く、結婚・出産等によって早く退職していることなどを考慮すれば、被告の昇進管理は男女差別には当たらないと判断したわけである。

　原告は、管理職のセクハラ行為を指摘したことなどから、その報復として昇進差別を受けたこと、評価の仕方に不合理、不当な点があること、同期社員の中では平均以上に業績を上げたこと、仕事面での嫌がらせを受けたことなどを主張し、平成15年4月以降主任1級職能等級にあること、平成17年4月以降管理3級の地位にあることの確認及び精神的苦痛に対する慰謝料1200万円等を請求したが、全て棄却ないし却下された。

　控訴審でも、ほとんど第1審と同様の判断を示し、評定が公正に行われている証拠として、評定者に女性を登用していること、評定者に対する研修が行われていること、評定は二次まで行われ、その結果が本人にフィードバックされていることを挙げている。控訴審でも、各年度における控訴人（原告）の総合評価に触れた上で「協力向上力」「指導力」を除く他の要素は4段階評価の2番目と比較的高い評価を受けているのに対し、この2つの要素は4段階評価の3番目と評価されていたとして「メンバー間のコミュニケーションを活性化し、職場の一体感・連帯感を高めることができる」こと、「組織目標を理解し、所

管業務全体の進捗状況・業務の出来栄えを管理し、必要に応じて対策を講じることができる」ことが求められる主任1級や管理3級の能力を具備するに至っていなかったとして控訴を棄却した。

　原告は、単独での仕事に関してはかなりの能力を発揮するものの、チームワークに関しては問題があったようで、そのことが主任1級以上への昇進が認められなかった原因となった模様である。ただ、被告では、主任の平均在級年数、主任1級になるまでの在級年数が8年以下の割合、管理職3級以上の者の割合、入社27年後（原告が45歳）時点における同期入社のうち原告と同様の高校卒事務職のうち主任へ登用された者の割合など男女で相当な差があるから、昇進において女性差別が行われていた可能性は否定できないと思われる。したがって、評価が公正に行われたことについて、被告に対し厳しく立証を求めることが必要であろう。控訴審では、評価が公正に行われた証として、評定基準の公表、評定者への女性登用、評定者への研修、二次にわたる評価、評価結果の本人へのフィードバックを挙げており、これらは確かに評価を公正に行う上で重要なことではあるが、上記のような男女差、特に同期生の主任への登用割合が男性8割、女性1割強という格差を合理的に説明するのに果たして十分であったかという疑問は残る。今後、本判決を悪用して「トップクラスの女性をできの悪い男性の一部よりも先に昇進させておけば男女差別と言われることはない」などといった運用が行われないことを願うばかりである。

　いずれにしても、賃金の男女差別に限らず、今後成果主義による賃金制度が一層普及することなどに伴って、人事考課を巡る争いが益々増加することが予想される。その場合、特に問題とされるのは、人事考課の適正さであり、本件で示された被告の対応は、一つのモデルを示したものといえよう。

(16)　フジスター男女賃金差別事件　東京地裁平成26年7月18日判決

<table>
<tr><td>結論</td><td>営業職（男性）と企画職（女性）では、基本給、職務給、賞与に差があるが、これは職務の違いによるもので男女差別には当たらない。しかし、役職手当についての支給開始時期の差、住宅手当及び家族手当について女性に不利な結果をもたらしたことは違法性があり、これについて慰謝料等を認める。</td></tr>
</table>

　衣料用繊維製品、家具・インテリア用品の製造・販売を営む会社（被告）に平成元年5月に入社した女性（原告）は、企画職として勤務し、平成21年5月に定年退職した。被告における職務給は、平成20年2月改定前の旧賃金規程では、大卒男女の初任給はほぼ同じであるが、女性は30歳を超えた頃に昇給が止まり、その結果男性との給与格差は開く傾向にあり、高校卒では男性の伸びが目立って高かった。平成元年以降入社した者について、男性は企画職、営業職を問わず、勤続10年に達すると主任手当（月額1万8000円）を受けるが、女性では勤続19年でも支給を受けられない者もいた。企画職で勤続10年以上の者（男性2名、女性6名）のうち勤続10年で主任手当が付いたのは男性2名、勤続18年で同手当が付いたのは原告1名であって、10年以上勤務して退職した女性4名は同手当が付かなかった。

　住宅手当は、旧賃金規程によると、男性は既婚・未婚を問わず27歳に達すれば受けられるのに対し、女性の支給対象は「戸主」に限られ、家族手当は、旧賃金規程によれば、被告からの給与により生計を維持すると認定された者に対し5000円の配偶者手当が支給され、女性には支給されない傾向にあった（新賃金規程では、従業員に配偶者があれば5000円が支給されることとされた）。

　原告は、被告では一貫して性差別による賃金管理を実施しており、基本給の格差は勤務を継続するに従って拡大すること、中途採用者の

初任給は男性にのみ年齢を加味していること、職務給も男性の方が昇給ペースが早いこと、役職手当については、男性は勤続10年で主任手当が支給されるのに、女性には支給されないこと、住宅手当・家族手当については女性を排除していること、夏季・冬季賞与は基本給の男女格差がそのまま反映されること、決算賞与は、原告と同じ部門の男性の圧倒的多数が200万円を超えるのに対し、女性は数十万円に止まり、原告は10万円に過ぎないことなど、違法な賃金格差があったとして、被告に対し、差額相当額974万円余、慰謝料500万円等を請求した。

　判決では、企画職と営業職の役割の違いに着目し、企画職は展示会用のサンプル品の準備、生産指示等を行い、営業職は製品を販売するという役割分担がなされていることから、企画職が営業職の補助的な業務とはいえないとしながら、製品（衣類）は普段着を前提としたもので、独自性のあるデザインまでは求められておらず、量販店等で大量販売するという被告の業務のあり方等に照らすと、営業職に販売実績を上げさせるため、営業職に決算賞与を含めた賃金について優遇することも、直ちに合理性がないとはいえないとしている。このように、基本給、職務給及び夏季・冬季賞与における従業員間に生ずる差異は、性別に由来するものではなく、職務の違いに基づくものであるとして、性による賃金差別との原告の請求を棄却している。

　その一方、役職手当（主任手当）は、企画職については、男性と女性との支給開始時期に8年もの差があることは合理性を欠くこと、住宅手当及び家族手当については、性別のみを理由として異なる取扱いをして女性に不利な結果をもたらしたことから、これらの差異は不合理なもので、違法性があるとの判断を示した。その上で、上記手当の差異について、金額を算定することが困難であり、また不当な差別により人格権を侵害されたとして、不法行為に基づき、慰謝料等55万円を認めている。

　このほか、各都道府県商工会を会員とする団体（被告）に勤務す

る女性職員（原告）が、「有夫の女性」ということで退職勧奨を受け、これを拒否したところ、昇格・昇給差別、不当な配転命令を受けたとして、慰謝料1500万円含む2800万円を請求した事件がある（注1）。これについては、退職勧奨の方法に違法性はなかったこと、原告の仕事ぶりに問題があったこと等から、昇給させなかったことは裁量権の濫用とまではいえず、配転によって通常甘受すべき不利益を被ったとは認められないとして、請求を棄却した。また、思想信条差別に対する慰謝料（注2）や、時間外労働手当（注3）の請求と併せて男女賃金差別が争われた事例もあるが、いずれも男女差別に係る請求については棄却されている。

（注1）　全国商工会連合会女性昇格等差別事件　東京地裁平成10年6月2日判決
（注2）　鉄工会社賃金差別事件　津地裁平成12年9月28日判決
（注3）　商業デザイン会社賃金差別事件　東京地裁平成24年12月27日判決

2　コース別による男女別取扱い

　昭和61年の男女雇用機会均等法の施行を契機に、急速に普及した人事管理方式に、コース別雇用管理制がある。これは、多くの企業が、同法の施行を受けて、従前から行って来た男女別の雇用管理が同法違反、あるいは同法の趣旨に反するとの指摘を避けるため、「総合職」と「一般職」といった、形式的には性別に中立のコース別による雇用管理に切り替えたものである。コースの名称は、「総合職」と「一般職」が一般的といわれているが、「一般職」と「事務職」など、企業によってさまざまであり、要は、基幹的業務を担う「総合職」と、定型的・補助的業務を担う「一般職」に分け、総合職には全国、あるいは海外への転勤なども含めた高度な業務を行わせ、将来の幹部候補として処遇することとしたものである。この方式が、理念通り、本人の希望や適性能力に沿った形で運用されれば、少なくとも男女差別問題

は生じなかったはずであるが、法施行当初は、多くの企業において「男性＝総合職」「女性＝一般職」、あるいはこれに近い運用がなされ、従前の男女別雇用管理の隠れ蓑と言われ、散々批判を浴びたところである。当時、男女雇用機会均等法施行以前に採用された社員については、コースの選択について、女性のみに意向確認が行われ、女性が総合職を希望する意向を示すと「総合職となれば、残業の連続になるし、海外の治安の悪い国、地域にでも転勤することもある」などと、脅迫めいた「説得」がなされたこともあったなどと言われている。それくらい、当時においては、男性の牙城に女性が入り込むことに対する非常な抵抗感があったわけで、こうした中、次のように、コース別雇用管理を巡って争われた事例が少なからず見られたところである。

(1) **日本鉄鋼連盟男女賃金差別事件**　東京地裁昭和61年12月4日判決

結論	男性には主として重要な職務を担当させ、女性には主として定型的・補助的な職務を担当させる「男女別コース制」は、法の下の平等に違反しているといえるが、①労働者の募集・採用は、労働基準法3条に定める労働条件ではないこと、②男女雇用機会均等法においても、募集・採用についての均等扱いは努力義務に止まること、③従来労働者の採用について使用者は広い選択の自由を有すると考えられてきたこと等に照らし、昭和44年ないし昭和49年当時においては、使用者が職員の募集・採用について女性に男性と均等な機会を与えなかったことをもって、公序に反したとまではいえない。

　コース別雇用管理それ自体の是非が争われたものではないが、判決の中で、いわば「コース別雇用管理」というべきものと指摘され、男女雇用機会均等法施行後間もない時期に出されたこともあって、コー

ス別雇用管理についての判決としてマスコミ等で大きく取り上げられた事件である。この事件は、特に朝日新聞が熱心に追いかけており、訴訟が提起された昭和53年7月25日の翌日の新聞に大きく取り上げた外、その後も特集記事を掲載するなどのキャンペーンを張っていた。

　本件は、昭和44年から昭和49年にかけて㈳日本鉄鋼連盟（被告）の事務局に採用された女性職員7名（原告）が、①女性職員の賃金について、基本給の上昇率及び一時金の支給係数並びに初任給について男女差別が行われていること、②主任への昇格について男女差別が行われていることを理由として、男性職員に支給した賃金との差額を支払うことを求めたのに対し、被告側が、これらの賃金額の差は、事務局職員を「基幹的職員」と「その余の職員」に分けて採用し、従事する仕事が異なることによるものであり、男女による差別ではないなどと反論した事件である。当時の被告事務局には172名の職員がおり、そのうち約4割に当たる69名が女性であった。原告らは、22歳から33歳までの若手職員で、そもそもは賃金差別の是正を求めたものであり、コース別雇用管理の是非を正面から問題にするつもりはなかったところが、被告側の上記抗弁によって、コース別雇用管理の是非を争うかのような様相を呈してきたものである。

　判決では、まず、賃金以外の労働条件についても合理的な理由なく性別による差別的取扱いをすることは公序に反し、民法90条に違反して無効であるとの基本的考え方を示した上で、被告の業務が基幹的業務とその余の業務に2分されるという主張は採用できないとしながら、被告は、男子職員は主として重要な職務を担当し、将来幹部職員へ昇進することを期待されたものとして処遇し、一方女子職員は、主として定型的・補助的な職務を担当するものとして処遇し、職員の採用に当たってもこのような処遇を予定していることから、いわば「男女別コース制」とでも呼ぶことが相当であるとの判断を示している。そして「男女別コース制」は、職員の募集・採用について女子に男子と均等の機

会を与えていないという点において男女差別をなし、法の下の平等に違反しているといえるが、①労働者の募集・採用は、均等待遇を定めた労働基準法3条に定める労働条件ではないこと、②男女雇用機会均等法においても、募集・採用については女子に男子と均等の機会を与えることが使用者の努力義務とされるに止まること、③従来労働者の採用について使用者は広い選択の自由を有すると考えられてきたこと等に照らし、少なくとも原告らが採用された昭和44年ないし昭和49年当時においては、使用者が職員の募集・採用について女子に男子と均等な機会を与えなかったことをもって、公の秩序に反したとまではいえないとして、初任給格差及び業務内容の相違による賃金格差分相当分の金額の支払義務については否定している。一方、一時金等の支給協定中、基本給の上昇率及び一時金の支給係数について女子職員を男子職員より不利益に定めた部分は民法90条に違反して無効であり、無効となった部分は男子職員に定められたものと同一と解するのが相当であるとして、この部分についての差額である5万円余ないし16万円の支払を被告に命じた。

　本判決の特色は「男女コース別制は、性差別を禁止した憲法14条1項の趣旨に合致しない」との判断を明確に示したことである。この判決が出されたのが、男女雇用機会均等法が施行された約8カ月後に当たり、コース別雇用管理制度が実質的な男女差別であるとの批判が各方面で盛んに行われていたことから、本判決は相当大きな反響を呼び、マスコミでも大々的に報道されたところである。もっとも「憲法の趣旨に反する」と大上段に振りぶった割には、原告らが被告に採用された当時、女子に男子と均等な機会を与えなかったことが公序に反したとはいえないとして、コース別による賃金格差分の支払を否定しているから、竜頭蛇尾の感も免れない。

(2)　塩野義製薬男女賃金差別事件　大阪地裁平成11年7月28日判決

結論	採用区分は男女で区別したものであり、会社は女性社員（原告）を基幹職に就けた以上、基幹職の同期男性との格差を是正する義務があり、温存されて新しく生じた格差は不合理な格差である。会社による格差是正は不十分であり、残された格差は採用時の男女差によるものであり、原告の賃金を同期男性の9割と認める。

　本件製薬会社（被告）では、大学卒の採用に当たって、男性は全員基幹職のMR、女性は殆ど補助職のDIとして採用し、両者は能力給で差が付けられていた。昭和40年に被告に入社した女性（原告）は、昭和54年から基幹職である製品の責任者となり、平成3年から課長待遇となって、平成6年に50歳過ぎで退職したが、女性であることを理由に昇給における差別を受けたとして、同期入社・同職種の男性に支給された賃金の平均額と現実に支給された賃金額との差額及び慰謝料500万円を請求した。

　判決では、被告の採用区分は男女で区別したものではあるが、MRは勤務時間も不規則であること、転勤もあり得ること、原告と同期でMRとして採用された女性もいることから、この区別をもって不合理な男女差別とまではいえないとしながら、被告は昭和54年に原告を基幹職に就けた以上、当時基幹職であった同期男性との格差を是正すべき義務があり、この義務を果たさないで温存されて新しく生じた格差は不合理な格差であると指摘した。被告は一切格差是正をしなかったわけではなかったが、是正は不十分であり、残された格差は、採用時の職務担当における男女差によって生じた不合理なもので、女性であることのみをもって格差を設けた男女差別であり、労働基準法4条に違反するものとして不法行為を構成し、損害賠償責任があると判断したものである。そうなると、次にその損害額が問題となるが、これに

ついては、比較の対象となる同期男性5名は、原告と異なりMRを経由して製品責任者となっており、その職務遂行にMRの経験が有用でないとはいえないこと、同期男性らは原告より9年早く課長待遇になっていること、原告の課長待遇の遅れに不合理な疑いがあるとしても、経歴の差から直ちに同期男性と同時期に課長待遇とすべきであったとまでは認められないこと、昇格については使用者の裁量が大きいことからすれば、原告の能力給が同期男性らの平均に達するとまでは認められないものの、原告が損害を請求する始期である昭和60年における原告の評価は高く、差別がなければ原告に支払われた賃金額は、同期男性らの能力給の平均額の9割が相当であるとし、差別による精神的苦痛に対する慰謝料として200万円を認めた。

　女性が性別によって昇給・昇格において差別を受けたとして、会社に対し差額賃金や慰謝料を請求する事件は非常に多く見られるが、その際常に問題となるのは差額賃金の算定方法である。通常は、同期・同年齢・同職種の男性と比較することになるが、まず比較対象として適切な男性がいるかどうか、次に、そうした男性がいたとしても、その男性とは経歴も評価も異なるのが普通であるから、賃金を単純に同じと考えて良いか、更には、比較対象とすべき男性が複数存在する場合、どの男性と比較するのか、単純に平均値と比較するのが合理的かという問題がある。

　本件では、同期男性5名が比較対象となっているところ、原告はこれら男性に支払われた賃金の平均額と、実際に支払われた賃金との差額を請求している。判決では、これについては斥けているものの、被告はその平均値の9割を支払う義務があると、具体的な数値を示したことが特色となっている。

⑶　商工中金男女昇格・賃金差別事件　大阪地裁平成12年11月20日判決

結論	女性を長期間窓口補助に就けたことは必ずしも不当とはいえないが、コース別人事管理制度が導入され、女性が総合職となってから再び窓口補助に就けたことは、女性であることを理由とする差別であり、会社は経済的・精神的損害を賠償する責任がある。

　商工中金（被告）は、男女雇用機会均等法施行の翌年に「総合職」「一般職」のコース別人事制度を導入したところ、女性職員（原告）は総合職に移行したものの、女性であることを理由に昇格差別を受けたとして、差別がなければ到達していたであろう地位の確認、差額賃金、慰謝料500万円等を請求した。

　判決では、コース別人事制度導入時、ほとんどの男性職員が総合職を選択し、ほとんどの女性職員が一般職を選択したところ、総合職を選択しようとした女性職員には一般職を選択するよう説得が行われていたことが認められるとしながら、コース別人事制度導入時、既に一定の資格に到達していた者については、男女の別なく自動的に総合職に移行したこと、全ての職員が総合職に適するとはいえず、管理職が職種の内容などを説明し、その上で当人の意思確認をすることも不当とはいえないこと、当時男性職員でも12名が一般職を選択し、総合職を選択した女性職員が50名いたことを考慮すれば、コース別人事制度が男女別労務管理とまではいえないと判断した。

　原告は、男性についてはジョブローテーションによって能力が開発されていくのに対し、女性に対してはそのような機会が与えられず、原告は11年間窓口補助に配置され、能力開発がなされなかったと主張したが、判決では、原告が被告に採用された当時（昭和47年）には、男女の役割分担意識が根強く残っており、女性の勤務年数も比較的短かったから、一般的に女性に対する期待度は男性に比べて低く、原告

が窓口補助に長期間配置されたことはそうした風潮が影響していた可能性が否定できないと指摘した。このように、判決では、原告を長期間窓口補助に就けたことについては、必ずしも不当とは認めなかったが、コース別人事制度が導入され、原告が総合職に位置付けられてから6年を経過した時点で、再び原告を窓口補助に配転したことは、従前の窓口業務での評価が低く、基本的に職務配置については被告の裁量事項であるとしても、原告が女性であることを理由とした不当な差別的取扱いであると判断した。

　原告は、総合6級の地位にあることの確認を求め、その根拠として男女雇用機会均等法、労働基準法4条を挙げたが、昇格は人事考課に基づき被告が決定すべきものであること、男女雇用機会均等法は企業に対する努力義務に過ぎないこと、労働基準法4条は昇格における男女差別に直接適用することはできないことなどから、この点についての原告の請求は棄却された。

　結局、本件の結論としては、被告の原告に対する平成4年度の人事考課は、男女差別にとして裁量権の濫用に当たり、その結果としての「窓口補助」の発令も男女差別に当たり違法であるから、被告は原告に対する経済的・精神的損害に対し損害賠償責任を負うとして、慰謝料等220万円のみの支払を命じた。

⑷ 野村證券男女昇格・賃金差別事件　東京地裁平成14年2月20日判決

> **結論**　会社は、採用時に、男性と女性のコースを分けて人事管理を行っていたが、これは労働基準法3条、4条に違反せず、公序良俗に反するとはいえない。しかし、男女均等待遇を義務付けた改正男女雇用機会均等法施行後は、男性を「総合職」、女性を「一般職」に位置付けることは公序に反することとなる。一方、女性社員の同期男性社員との同時期の

```
昇格請求については棄却する。
```

　本件は、同期同学歴の男性社員は入社13年次に課長代理（その後総合職掌「指導職1級」）に昇格したにもかかわらず、女性社員13名（原告）が課長代理に昇格していないのは女性差別によるものであるとして、会社（被告）に対し、総合職掌「指導職1級」の職位にあるものとして取り扱われる地位にあること、入社後13年次に課長代理へ昇格したことを前提とする退職慰労金規程等の適用を受ける地位にあることの確認を求めるとともに、その時に課長代理に昇格した場合の賃金・一時金と現実に受領したそれらとの差額、慰謝料等を請求した事件である。本件では、訴訟継続中に退職した原告は、これに退職一時金、年金一時金との差額も併せて請求するなど、各原告が様々な請求をしている。

　判決では、まず、高校卒男性社員は入社後13年次にその大半が課長代理に昇格しているのに対し、高校卒女性社員はその時期に課長代理に昇格することは全くないのだから、高校卒採用社員について、男女間で昇格時期に著しい格差があり、これと連動する賃金等についても同様に著しい格差が認められるとの基本認識を示した。被告は、高校卒社員の募集・採用において、男性については「事務職」として勤務地を限定しないのに対し、女性については「一般事務職」「事務」などとして、自宅から通勤できる範囲として、試験も男女別に行うなどしていたことから、その採用・処遇は憲法14条の趣旨に反するとしたが、同条は私人間を直接規律したものではなく、民法90条を介して間接的に適用があるに留まるとし、その差別が公序良俗に反する場合に、違法・無効となるとの考え方を示した。

　判決では、労働基準法との関連に触れ、同法3条は性による差別を禁止したものではなく、募集・採用は労働条件に含まれないから、被告の採用した男女コース別採用・処遇は同条に違反するとはいえず、また同法4条は性による賃金差別を禁止しているに止まるから、採用、

配置、昇進などの違いによる賃金の相違は同条違反とはいえず、男女のコース別の採用・処遇により男女間の賃金に差が生じても、同条に直接違反するともいえないし、被告が原告らの入社当時、社員の募集・採用について男女に均等な機会を与えなかったからといって、それが直ちに公序に反するとまではいえないとの見解を示した。そして、原告らが被告に入社した当時は、一般的に、女性について全国的な異動を行うことは考え難かったから、企業においてもそのことを考慮せざるを得ず、これを考慮した男女のコース別の採用・処遇が、不合理な差別として公序に反するとまではいえず、また、改正前の男女雇用機会均等法は、男女で差別的取扱いをしないことを努力義務に止めているから、同法が施行されたからといって、男女のコース別処遇が公序に反して違法とまでいうことはできないとの判断を示した。

　ところが、平成11年4月に、男女の差別的取扱いを禁止する改正男女雇用機会均等法が施行されたため、被告が同改正法施行前に入社した社員について、男女のコース別処遇を維持し、男性を総合職掌に位置付け、女性のほとんどを一般職掌に位置付けていることは、配置及び昇進について、女性であることを理由として男性と差別的取扱いをするものであって、同法6条に違反するとともに、公序に反し違法との判断を示している。すなわち、被告の処遇制度自体は何ら変更がなくても、男女雇用機会均等法が変わったことから、従来は法の趣旨に反するとしても違法とまではいえなかったものが、法違反であり、公序に反することとなったと判断したわけで、同法の改正が司法判断に影響を与えた典型的な事例ということができる。

　判決では、被告において、男女雇用機会均等法施行1年後の昭和62年以降、一般職から総合職への職種転換制度を設け、女性社員について職域の拡大を図る努力をしていると、一定の評価をしている。しかし、職種転換制度は、一般職から総合職への転換のみを認め、両職の転換の互換性がないこと、一般職から総合職への転換に当たっても、上司

の推薦を必要とし、一定の試験を合格した者のみの転換を認めていることからすれば、一般職に属する女性に対し特別の条件を課するもので、配置における男女の違いが正当化されるとはいえないとしている。

　一方、高校卒業後13年次で課長代理に昇格させることが労働契約の内容になっているとの原告らの主張については、これを認めるに足りる証拠はないとして、労働契約上、被告に原告らを入社後13年次で課長代理に昇格する義務はないと、原告らの請求を棄却している。そして、発令行為のない段階で「あるべき昇格」を認めるのは困難であること、当時の男女のコース別の採用・処遇が公序に反するとまではいえないこと、この間に男性社員と女性社員との間で積まれた知識・経験にも違いがあったと考えられるから、この男性社員についての昇格状況が被告における男性社員の昇格基準であったとしても、そのことから直ちに高校卒女性社員についても同様の昇格をさせるべきであったともいえないことを理由として、入社後13年次での課長代理への昇格の地位確認請求を斥けている。

　このように、判決では、課長代理の地位の確認、賃金差別に基づく差額賃金の請求については明確に否定しているが、一方、被告は、雇用管理における男女差別を禁止した改正男女雇用機会均等法施行後においても男女のコース別処遇を維持し、少なくとも男女のコース別の処遇の維持を容認しており、そのことに過失があるとして、男女差別という不法行為によって原告ら（改正法施行前に退職した１名を除く。）が被った損害（385万円から539万円）の賠償を命じた。

⑸　**兼松男女昇格・賃金差別事件**　東京地裁平成15年11月５日判決、東京
　高裁平成20年１月31日判決

> **結論**　**第１審では、女性社員（原告ら）の入社当時（昭和30年代、40年代）の状況からすれば、男女のコース別の採用・**

処遇は公序に反するとまではいえないとしたが、控訴審では、改正男女雇用機会均等法を意識した新人事制度の下では、男女のコース別処遇は労働基準法4条に違反するとして、差額賃金及び慰謝料の支払いを命じる。

　被告は合併によって設立された総合商社であるが、合併前の2社はいずれも賃金体系を男性と女性に区分しており、年齢が進むにつれて男性の賃金が高くなるように設計されていた。合併後に賃金体系の区分は変更され、「一般職（基幹的業務）」「事務職（補助的・定型的業務）」など4区分とする職掌別人事制度を導入し、「事務職」から「一般職」へ、或いはその逆の転換もできるように制度を設計した。

　女性社員6名（原告）は、①一般職標準体系表の適用を受けることの確認、②これが適用された場合の賃金、一時金及び退職金の差額の支払い、③定年延長に伴う55歳からの月例賃金の引下げについての差額の支払い、④55歳からの調整給及び付加金の引下げについての差額の支払い等を請求した。

　第1審では、まず、男性社員と女性社員では、採用条件、採用後の配置、異動状況、研修体系などが異なり、全国又は海外への異動が予定されている男性社員と勤務地に限定のある女性社員とでは、積む経験、知識も自ずと異なること、原告ら入社当時の女性の平均勤続期間は短かったことを併せ考えると、被告が男性に困難度の高い職務を担当させて将来の幹部候補として処遇し、女性については困難度の低い業務に従事する者として処遇し、社員の採用に当たっても、男女によるコース別の雇用管理をし、それに伴って男女で賃金格差も生じていると認定した。

　原告らは、被告の行った男女コース別人事管理は、憲法14条、労働基準法3条、4条に違反すると主張したが、労働基準法3条は性による差別を禁止したものではなく、同法4条は性による賃金差別を禁止

しているに止まり、採用、配置、昇進などの違いによる賃金の違いは
これに違反するものではないとし、原告らの入社当時は男女の差別取
扱いをしない努力義務を課す男女雇用機会均等法もなかったことから
すると、従業員の募集・採用について女性に男性と均等の機会を与え
なかったからといって、それが公序に反するとまではいえないとの判
断を示した。

　判決では、原告らの入社した昭和30年代から40年代当時は、女性の
勤続年数も短く、一般的には女性を全国異動や海外赴任をさせること
は考え難かったことから、これを考慮した男女のコース別の採用・処
遇が、当時としては不合理な差別として公序に反するとまではいえな
いと判断した。また、事務職と一般職との相互転換制度について、事
務職から一般職への転換は本部長の推薦など要件が非常に限定され、
実質的に転換の機会は奪われているとして正当化できないとしながら、
制定当時の男女雇用機会均等法は、男女で差別的取扱いをしないこと
を努力義務に止めているから、男女のコース別の処遇が公序に反し違
法とまでいうことはできないとして、原告らの請求をいずれも棄却した。

　これに対し控訴審では、一部の者を除いて原告らの請求を大幅に認
める判断を示している。すなわち、まず合併前の両社では、男女によ
り賃金体系が異なっており、合併後の会社（被控訴人）では、この方
式を承継し、見習社員から正社員に昇格したＡ体系と、準社員から正
社員に資格変更されたＢ体系とがあり、Ａ体系はほとんど男性である
一方、Ｂ体系は全て女性に適用されていた。そして、被控訴人におい
ては、少なくとも合併以降はＡ体系とＢ体系の間の賃金格差が拡大・
固定化し、Ｂ体系の賃金は、男性の特務職であるＣ体系の賃金と当初
は同等であったものが、その後10％程度の格差が生まれ、男女差別を
禁止した改正男女雇用機会均等法施行後においても男女の賃金格差が
縮小することはなかったと認定した。その背景としては、民間企業で
は一般に女性は補助的役割しか期待されず、被控訴人では合併前は男

女別の採用を行っており、合併後においても男性重視の雇用管理が行われ、男女間の賃金格差は拡大していったとし、「一般職」「事務職」と区分されていても、事務職でも高度の仕事をする者がいるほか、一般職の仕事を事務職に引き継いだり、その逆が行われたり、職務分担は流動的な要素も大きいと認定し、基幹的業務と定型的・補助的業務とを明確かつ戴然と区別することは困難で、両者の差異は相対的なものとの基本的認識を示した。

　控訴審では、こうした事実認定及び基本的立場に立って判断をしたわけだが、①昭和59年12月まで（職掌別人事制度導入前）、②昭和60年1月（職掌別人事制度新設時）以降平成9年3月（新人事制度導入直前の時期）まで、③平成9年4月（新人事制度導入時）以降の3つの時期に分けて、賃金の男女差別があったか否かを詳細に検討している。

　すなわち、①の期間においては、被控訴人が男女別の採用、配置、男女によるコース別人事管理を行い、それによって賃金格差が生じており、このような性によって採用、処遇を異にすることは、法の下の平等を定めた憲法14条の趣旨に反するものの、控訴人らが入社した当時、女性に男性と均等な機会を与えなかったことについては「ⅰ労働基準法4条に直接違反するともいえないこと、ⅱ募集、採用、昇進について男女の差別的取扱いをしないことを使用者に義務付ける法律はもとより、使用者の努力義務とする法律すら存在しなかったこと、ⅲ企業には労働者の採用について広汎な自由があり、従業員の募集・採用について男女に均等な機会を与えなかったからといって、公序良俗に反するとはいえないこと、ⅳ男女のコース別採用・処遇と男女それぞれが担当する職務内容は概ね一致していること、ⅴ昭和58年当時でも、女性の約半数が5年以内に、90％以上が10年以内に退職していることからすれば、男女の賃金格差にはそれなりの合理性があり、公序良俗に反するものではないとの判断を示した。

　②の期間については、控訴人らが損害賠償請求の期間の始期とする

平成4年4月時点において、控訴人ら6名のうち4名は入社34年から26年勤続しており、これと職務に同質性が認められる当時の一般職1級の30歳程度の男性との間にすら賃金について相当の格差があったことに合理性が認められず、性による違いによって生じたと推認されるから、被控訴人の措置は労働基準法4条等に反する違法な行為であると評価した。すなわち、この期間の一般職及び事務職の給与体系は、以前のA体系（男性）とB体系（女性）が基本的に維持されたものであり、既に昭和50年代からは勤続年数が長く、専門知識を身に付けた女性が出て来て、重要な仕事を行っている女性も相当数おり、控訴人らのうちの4名もその中に含まれていたことから、このような女性に関しては、勤続15年を経た時点で、一般職と事務職の給与体系の格差の合理性を基礎付ける事実は失われていたとの判断を示したわけである。また、一般職と事務職とを区分する基準として使われる転居を伴う異動の有無についても、事務職の勤務地が限定されていることは、一般職と事務職の本件のような給与体系、すなわち控訴人らが入社5年で27歳の一般職の賃金に達しないような格差を合理化する根拠とはならないとの判断を示している。

　男女の賃金格差の合理性を判断するに当たって、同種の企業との比較もしばしば行われるが、本件では、九大商社においては被控訴人と同様男女別の賃金格差が存在し、被控訴人より格差の大きい商社も少なくないが、そのことが被控訴人における賃金格差を合理化する根拠にはならないとしている。「他にもっと悪い奴がいる」ことが正当化の理由にはならないというわけで、当然のことである。ただ、控訴人6名のうち2名については、その職務の内容が専門性を必要とするものではないなどとして、賃金格差の違法性を否定している。

　③の期間については、新人事制度が、その当時国会で審議されていた配置・昇進などについて男女差別を禁止する男女雇用機会均等法の改正を意識して行われたものと推認されるとした上で、既に退職した

1名を除く3名の賃金が一般職の賃金と大きく格差があり、この格差が性によって生じたとして、労働基準法4条に違反し、不法行為に該当するとの判断を示し、差額賃金として年額120万円の限度で損害額を算定することが相当であり、慰謝料としては4名について、120万円から180万円を認めている。

　本件でも、配置・昇進における男女差別を禁止した男女雇用機会均等法の改正が大きく影響を与えたものということができ、同改正が、裁判規範としての同法の力を強くしたといえる。

(6)　岡谷鋼機男女賃金差別事件　名古屋地裁平成16年12月22日判決

> **結論**　男女の均等取扱いを義務付けた改正男女雇用機会均等法施行後は、男性には主として困難度の高い業務を担当させ、女性には主として困難度の低い業務を担当させることは公序に反することになったとして、同標準年齢男性との賃金格差の額等を踏まえた慰謝料の支払いを命じる。

　高校卒業後、本件専門商社（被告）に入社した女性（原告A、B）は、主事の資格を付与され、その後Aは担当職1級の資格を付与されたが、Bは主事のまま退職した。

　原告Aは、同じ標準年齢の男性は総合職で職能資格、役割等級が付与されたのに、自分は事務職に配置されて低い資格しか与えられないのは違法な男女差別であるとして、被告に対し、同年齢標準男性と同様に総合職として扱われる地位にあることの確認と、主位的には平均的に昇格した男性との差額賃金相当額及び慰謝料を求めるとともに、予備的に同標準年齢で昇格が最下位の男性との差額賃金の支払いを請求した。また、原告Bも、被告に対し、差額賃金及び差額退職金相当額並びに慰謝料を請求した。

　判決では、ほぼ同時に入社した同年齢の男女間において昇格、賃金

等について著しい格差がある場合には、その格差に合理的な理由が認められない限り、性の違いによって生じたものと推認できるとした上で、男女をコース別に採用・処遇する仕方は、憲法14条の趣旨には反するが、同条は私人相互の関係を直接規律するものではなく、民法90条等を介して間接的に適用されるにとどまり、性による差別待遇の禁止は民法90条の公序をなしていると解されるから、その差別が不合理なもので公序に反する場合に、無効、違法となるとの基本的見解を示した。

　判決では、上記見解を踏まえ、次のとおり、男女差別を禁止した男女雇用機会均等法改正（平成11年4月1日施行）前については、被告の措置は公序に反しないが、同日以降の措置は公序に反するとして、被告に対し、原告Aに対する慰謝料の支払いを命じた。

　労働基準法3条は、労働条件についての差別的取扱いを禁止しているところ、募集・採用は労働条件に含まれないから、男女のコース別採用、処遇が同条に違反するとはいえず、同法4条は、男女の業務が同一でない限り、被告のコース別採用、処遇が同条違反とはいえない。原告らが入社した当時は、男女雇用機会均等法もなく、企業には広汎な採用の自由があり、女性の短い勤務年数等の勤務実態からすれば、企業において効率的な労務管理を行うために、男女のコース別採用・処遇を行ったことは、当時としては不合理な差別として公序に反するとまではいえない。

　被告は昭和63年から、総合職と事務職のコース別人事制度を導入し、男性の大半を総合職に、女性の全てを事務職に配置しているが、改正前の男女雇用機会均等法は、募集・採用、配置・昇進については努力義務に止めているから、被告の男女のコース別処遇が公序に反し違法とまではいえない。しかし、平成11年4月に改正された後の同法では、男女の差別的取扱いの禁止は使用者の法的義務であるから、同日以降に、被告がそれ以前に入社した従業員について、男女のコース別処遇を維持し、男性の大半を総合職に、女性を事務職に位置付けることは、女

性であることを理由とした差別的取扱いとなり、同法6条に違反する。

　原告らが入社した当時、被告が、男性には主として困難度の高い業務を担当させ、女性には主として困難度の低い業務を担当させたことには一定の合理性が認められるものの、その後男女雇用機会均等法が改正された平成11年4月1日以降は、公序に反することになったといえる。したがって、同日前においては、原告らが当然に総合職に配置され、同標準年齢の男性と同じ役割等級を付与されるべき地位にあるとは認められないし、労働契約上の法的義務として被告に男女を平等に取り扱うべき義務があったと解することは困難であるが、被告は、同法改正以降も原告Aに対する男女のコース別の処遇を維持していたのであるから、違法な男女差別という不法行為によって原告Aが被った損害を賠償する義務を負う。原告Aは、男女差別により人格権を侵害されたといえるから、被告は原告Aに慰謝料を支払う義務を負い、その額は、男女差別の態様、法改正後の期間、この間における原告Aと比較対象の同標準年齢男性との賃金格差の額等を総合すると、500万円と認めるのが相当である（法改正前に退職した原告Bに対する慰謝料請求は棄却）。

(7)　住友金属工業男女賃金差別事件　大阪地裁平成17年3月28日判決

結論	事業主には雇入れの自由があり、募集・採用について男女異なる扱いが禁止されたのは改正男女雇用機会均等法施行からであるが、その扱いが合理性を有しない場合は、公序に反して違法である。高校卒女性の最高評価者が高校卒男性の最低評価者を下回る運用は、性別のみによる不合理な差別的取扱いであるとして、差額退職金、慰謝料を認める。

　本件は、会社（被告）に、昭和37年～昭和50年に入社した女性（原告A、B，C，D）は、昇格及び昇給において、女性であることを理由

に差別を受けたとして、被告に対し、昭和61年以降の同学歴の高校卒男性事務職との差額賃金相当の損害及びこれと同額の慰謝料（2500万円～1000万円）等を請求した事件である。

　判決では、差別的取扱いの有無について、被告においては、昭和45年までは、終身雇用を前提に男性の高校卒者を大卒男性事務職の補佐等と位置付けて本社で採用して基幹的業務に就業させていたのに対し、女性の高校卒者は短期間で退職することを前提に、各事業所ごとに、補助的な事務を行う者として採用し、基本的に採用した事業所において補助的な業務に従事させていたと認定し、高校卒の事務職における男女間の昇進・昇格・賃金の格差をコース別取扱いに基づくものとの判断を示した。その上で、入社30年前後の平均年収において、平成7年度で、男性事務職は820万円ないし890万円、同じ期間の女性事務職は約600万円であり、女性事務職は、男性技能職から事務職に転換した者（LC）の年収よりも低いことを示し、こうした事実認定を踏まえて、被告は、差別的取扱いにより、高校卒女性事務職の最高評価者よりも、高校校卒男性事務職の最低評価を受けた者の方が評価区分が上回る運用しており、その結果、49歳の高校校卒男性事務職は管理補佐職に昇進するのに、高校卒女性事務職は優秀であっても企画統括職3級に留まり、年収で230万円の差が生じることになったとして、明らかな男女による差別的取扱いをしていたと認定した。

　判決では、憲法14条、民法1条2項（信義誠実の原則）、労働基準法3条、4条を援用し、使用者が労働者を合理的な理由なく性別に基づき、労働条件について差別的取扱いをすることは、公序良俗に反し違法との考え方を明確にしたが、他方、事業主には雇入れの自由があり、労働基準法3条、4条も、募集・採用について男女間で異なる取扱いをすることまで直接禁止するものではなく、募集・採用について男女異なる扱いが禁止されたのは、平成11年4月施行の改正男女雇用機会均等法からであるとして、本件当時の被告の扱いは直ちに公序良俗に

反するとはいえないとの判断を示した。ただ、その扱いが募集・採用時におけるコース別取扱いの差異に基づくものであったとしても合理性を有しない場合は、なお公序に反して違法であるとした上で、本件格差は、男女間で能力評価において差別的取扱いをし、同じ能力評価に該当した者についても明らかに差別的取扱いをし、それに基づく昇給、昇進等の運用をしたことによるものであって、本件差別的取扱いは、性別のみによる不合理な差別的取扱いで民法90条に反する違法なものであるとして、被告に対し、不法行為に基づき、原告への損害賠償を命じた（差額退職金、慰謝料を含め、原告Aにつき1885万円、同Bに対し1833万円余、同Cに対し1455万円、同Dに対し1137万円余）。

(8)　日本オートマチックマシン男女賃金差別事件　横浜地裁平成19年1月23日判決

> **結論**　甲種（ほとんど男性）、乙種（全員女性）の区分により処遇に差を設けることは、両者の間で業務内容に明確な相違がないことからみて合理性が認められない。勤務評定良好な乙種の女性が女性であることを理由に差別を受けたとして、差額賃金相当額等を認める。

本件は、37歳で本件会社（被告）に中途入社した女性（原告）が、勤務評定も良好であったにもかかわらず、男性との間に合理的でない格差があったとして、57歳で退職した後、賃金、賞与、退職金、公的年金などの差額相当額の外、慰謝料500万円など、総額6663万円余を請求した事件である。

判決では、6等級のうち上位2つ（部長相当のVI等級、課長相当のV等級）は全員男性、係長クラスのIV等級も95％以上が男性であり、女性の約9割が下位の2つの等級（II等級及びI等級）に位置付けられている実態を指摘した上で、被告においては、同一年齢の男女間

に、基本給及び等級のいずれにおいても相当の格差が存在すると認定し、原告における格差は、女性であることを理由に差別的取扱いを受けたことによって生じたものと推認するのが相当であるとの判断を示した。

　被告においては、男性の新規卒業者は全て甲種（幹部候補として転勤が予定され、初任給が高い）として採用され、女性の学卒者は1人を除いて乙種として採用されていたが、給与規程では甲種と乙種の給与額が異なることを定めながら、両者の業務等の違いについては定めていなかった。そして、就業実態を見ると、男性社員の全てに転勤の必要性があるとは認め難い一方、女性社員の中にも男性と同様の業務に従事していると窺われる者が相当数存在することからしても、男女の間で転勤の有無や従事する業務について区別されているとは認め難いとして、新規学卒者の甲種・乙種の区分は、賃金等格差の合理的な理由とはならないとの判断を示した。また、原告自身は中途採用であったが、新規学卒者についての合理性のない格差が中途採用者にも反映されているとして、中途採用者の初任給の男女間格差についても合理性がないとの判断を示した。

　企業が賃金等についての男女間格差の合理性を主張する場合、以前は、女性の勤続年数の短さや従事する職務が補助的・定型的なものであることを主たる根拠にしていたが、男女雇用機会均等法の改正により配置・昇進についても女性であることを理由とした差別が禁止されてからは、「能力・実績に従って処遇したところ、結果として男性が上位になった」「不満を言っている女性は、能力が低かったり、協調性に欠けていたり、いずれにせよ問題がある人物であって、昇格できないのは本人の責任」という姿勢に転じたように感じられる。本件では、被告がこのような主張をストレートにしたわけではないが、新規学卒者の採用に当たって、男性は全員甲種とし、女性はほとんど乙種としながら1名のみを甲種としたことは、「男女差別はしていない。その証拠に能力のある女性は男性と同様な処遇をしている」と主張したかったのではないかと推

測される。

　本判決では、まさに「男だからって全員優秀なわけがないだろう」と言わんばかりの指摘がなされているのが一つの特色になっている。具体的にいえば、部長クラスのⅥ等級には30代で就任している者もいることからすると、実質的に指揮命令権限、監督権限のある者のみがその地位に就いているものと思われるが、係長相当職のⅣ等級には全社員412名中137名、主任相当のⅢ等級には107名がいることから見て、これらは指揮命令権限や監督権限というより、賃金を勤続年数等に応じてある程度の額にするための賃金額の調整手段の一環とうかがわれるから、男女で異なる等級にすることに合理的な理由は認め難いとして、本件賃金格差の合理性を否定している。その上で、原告の勤務評定が良好であって、本件格差を正当とする特段の事情がないことからすれば、原告は女性であることを理由に賃金について差別的取扱いを受けたとして、被告に対し、差額賃金相当額、差額賞与相当額、差額退職金相当額、弁護士費用総額1919万円余の支払を命じた。

(9)　東和工業男女賃金差別事件　金沢地裁平成27年3月26日判決、名古屋高裁金沢支部平成28年4月27日判決

> **結論**　男女による総合職と一般職の区別は、労働基準法4条に違反するとして、不法行為に基づき、一般職の女性社員に支給されていた賃金と、総合職であったならば得られた賃金等（年齢給、退職金）との差額、慰謝料等を認める。

　機器・環境産業機械関連設備の設計施工等を業とする本件会社（被告）に雇用された女性（原告）は、当初は事務職であったものの、その後二級建築士の資格を取得し、設計担当の部署に所属して設計業務に携わるようになった。被告は、平成14年6月までに、従前の男女別賃金制度から本件コース別雇用制（総合職・一般職）を導入し、職能給の

基となる職能資格評価は総合職と一般職とで異なり、本件コース別雇用制の導入時、男性は全員が総合職、女性は全員が一般職とされた。

原告は、定年退職まで一般職として処遇されたところ、本件コース別雇用制導入以降は、総合職の賃金表が適用されるべきであったのに一般職賃金表が適用されてきたと主張し、①主位的に、不法行為に基づき、慰謝料1000万円、総合職と一般職の賃金差額相当額等総額18864万円余を、予備的に不当利得返還請求に基づき、総合職と一般職との賃金差額相当額694万円余を請求した。

判決では、本件コース別雇用制において、総合職と一般職の区別が事実上性別の観点からされていたのであれば、労働基準法4条に違反するとの基本原則を踏まえ、被告においては、平成25年4月に総合職の女性が採用されるまで、男性社員は全員が総合職、女性社員は全員が一般職であり、被告が社員数十人程度の規模の会社であり、社員を採用する機会が限られていることを考慮しても、総合職と一般職の区別は、男女の区別であることが強く推認されるとの基本認識を示した。その上で、本件コース別雇用制の導入時においては、コース転換は次長まで昇格しなければできないという非常に高い条件が付されていたこと、当時の原告の業務内容は、一般事務の範疇に止まるものではないにもかかわらず、合理的なコース転換制度が就業規則に明記された平成24年6月までは、総合職と一般職の区別は男女によってされており、原告はそのような観点から一般職として処遇されたとの判断を示した。また、転勤や職種転換が可能であることが総合職と一般職を振り分ける基準として機能していたとの被告の主張には疑問を呈しており、技能レベルが低いから原告を総合職として扱えないとの被告の主張については、原告と同等のレベルにある男性社員が入社当初から総合職として扱われている事実を挙げて、被告の主張を斥けている。

判決では、結論として、本件コース別雇用制における総合職と一般職の区別は、平成24年6月（原告の定年退職後）までは男女別に賃金

表が適用されていた評価できるから、労働基準法4条に違反し、不法行為に基づき、被告に対し、原告が一般職の賃金表に基づき支給されていた賃金と、総合職の賃金表が適用されていれば得られた賃金等（年齢給、退職金）との差額約300万円及び慰謝料等130万円の支払を命じた。本件は、原告、被告双方から控訴されたが、控訴審では、総合職の主任と一般職主任とでは求められる役割、責任及び職務遂行能力が実質的に異なるとして、退職金の請求のみを認め、被控訴人（被告）に対し、108万円余の支払を命じた。

⑽　**巴機械サービス男女処遇格差事件**　横浜地裁令和3年3月23日判決、東京高裁令和4年3月9日判決

結論	総合職は全員男性、一般職は全員女性という実態は、それ自体必ずしも違法ではないが、女性が総合職への転換希望を明確にして以降は、総合職への転換を認めない会社の措置は違法な男女差別に当たるとし、不法行為に基づき慰謝料を認めたが、入社から総合職であったことを前提とする差額賃金請求については棄却した。

　親会社が製作した遠心分離機のメンテナンス等を業とする本件会社（被告）は、平成11年3月に、総合職（基幹的業務）及び一般職（補助的業務）からなるコース別人事制度を導入し、以降、令和2年5月までに被告が採用した一般職9名は全員が女性である一方、総合職56名は全員が男性であった。総合職と一般職には異なる職能給表が適用され、昇給の取扱いにも差があり、給与規程には一般職から総合職への転換に関する規定はあるものの、従前、かかる転換の実績はなく、具体的な基準もなかった。

　被告は、紹介予定派遣を経て女性（原告A）を一般職正社員として雇用し、その後女性（原告B）を同じく採用したが、いずれも一般職

と総合職の区分について説明しなかったところ、原告らは、実質的には女性の総合職への転換ができない扱いとなっていることからすれば、労働基準法4条に違反すること、募集・採用の段階で「男性は総合職、女性は一般職」と限定する扱いは男女雇用機会均等法5条に違反することを主張し、原告らが総合職としての労働契約上の権利を有する地位にあることの確認と、総合職であれば得られた賃金と実際に得た賃金との差額（原告Aにつき489万円余、原告Bにつき442万円余）及び慰謝料各100万円を請求した。

　判決では、本件人事制度自体は直ちに労働基準法4条に違反するものではないが、その運用実態からすると、男女で賃金や昇給につき異なる取扱いをしているとの疑いを抱かせるとしながら、これまで総合職の募集に女性が応募したことがないなどの実態からすれば、被告が女性であることを理由とした差別的取扱いをしているとは認められないと判断した。また、原告らの採用経緯からしても、被告が原告らを女性であることを理由として一般職に振り分けたとはいえないと、この点についても労働基準法4条ないし男女雇用機会均等法5条に違反するとの原告らの請求を棄却した。

　一方、判決では、一般職から総合職への転換がないことについて合理的理由が認められない場合は、総合職＝男性、一般職＝女性とする現状を固定化するものとして違法な男女差別に当たるとした上で、原告らは、総合職への転換についての意向を示したにもかかわらず、社長との面談で「女性に総合職はない」旨の回答を受けるなど、被告が女性には総合職への転換の機会を与えていないことが強く推認され、原告らが総合職への転換希望を明確に示して以降は、総合職への転換を認めない被告の措置は、男女雇用機会均等法6条3号に違反する違法な男女差別に当たるとして、不法行為に基づき、原告らに対し各100万円の慰謝料を認めた。一方、原告らが求めた総合職としての地位の確認については認められず、労働基準法4条違反も認められない

として、入社から総合職であったことを前提とする差額賃金請求については棄却された。

　本件は、原告、被告双方から控訴されたことろ、控訴審では一部原審と事実認定の違いはあったものの、結論としてはいずれの控訴も棄却された。

3　既婚女性への差別

(1)　住友生命既婚女性賃金差別事件　大阪地裁平成13年6月27日判決

> **結論**　人事考課において、既婚女性であることを理由に一律に低査定を行うことは違法。本件は、人事制度自体が既婚女性を差別するものではないが、その考課査定の運用において、会社は、既婚女性らに対し、既婚であることを理由として人事考課上不利益な取扱いをしたとして、差額賃金相当額、慰謝料等を認める。

　女性に関する賃金差別といえば、その殆どが男性との間におけるものであるが、中には同じ女性同士での婚姻の有無による差別的取扱いも見られる。

　本件会社（被告）では、昭和40年代に入って、採用面接において内勤の女性社員が結婚後勤務を続けることを許さないとの人事方針を示し、昭和43年3月まで、結婚退職を勧奨するため、内勤女性社員が結婚退職する場合の退職金優遇措置を採っていた。つまり、結婚退職に飴を与えて、女性社員を退職に誘導していたわけである。

　女性社員12名（原告）は、いずれも昭和30年代に被告に採用され、その後結婚・出産をしたが、同時期入社の高校卒未婚女性社員より昇格・昇給が遅れていることから、原告らは、被告は既婚を理由とする昇給差別、昇格差別を行っており、これは債務不履行、不法行為に当たり無効であるとして、被告に対し差額賃金及び慰謝料を請求した。

また原告らは、大阪婦人少年室長が本件を調停対象事項ではないとして、2度にわたって調停不開始としたのは、男女雇用機会均等法、憲法14条、女子差別撤廃条約等に違反するとして、国に対し国家賠償法に基づき損害賠償を請求した。

　判決では、まず労働基準法13条（この法律で定める基準に達しない労働条件を定める労働契約は無効とする。この場合において、無効となった部分は、この法律で定める基準による。）の適用については、無効となった部分を補充し得る具体的な昇格の基準を定めることはできないとして、原告が主張する昇格による地位確認請求を斥けた。被告が、女性社員が婚姻・出産した後も勤務を続けることを歓迎しなかったことは認められるものの、これを理由に退職を強制する方針を採っていたとまでは認められないが、昭和30年頃から平成7年まで、女性内勤社員の面接の際に、結婚退職すべきことを告げるなどしたほか、女性社員の結婚や妊娠時に退職を強く勧奨したことが認められると認定している。もっとも、被告では既婚女性に対する退職勧奨の程度が一律ではなく、被告の指示とは認められず、嫌がらせについては個々の上司の問題であるとしても、現実に既婚女性が嫌がらせを受ければ不法行為となり、その責任は使用者たる被告が負担すべきであるとしている。また、人事考課において、既婚女性であることを理由に一律に低査定を行うことは個々の労働者に対する違法な行為として、被告はその責任を負うとの判断を示している。その上で、被告の人事制度自体が既婚女性社員を差別するものではないが、その考課査定の運用において既婚女性社員の労働を一般的に質・量が低いとして処遇することは合理性がなく、産前産後休業、育児時間を取得し、その間に労働がなされていないことにより、労働の質・量が低いということであれば、法律上の権利の行使をもって不利益に扱うことになり許されないとの判断を示している。

　平成8年3月在籍の原告らと同様昭和33年から昭和38年までに入社した内勤女性社員93名中、未婚者は61名、既婚者は32名であるが、未

婚者50名が一般指導職以上に昇格している一方、既婚者で一般指導職以上に昇格している者は2名である。近畿圏における原告らと同期入社の女性社員を見ると、未婚者のうち早い者は昭和54年までに一般指導職に昇格しているが、既婚者のトップの昇格は昭和61年であって、原告らはいずれもまだ昇格せず、未婚者39名中32名が昭和63年までに一般指導職に昇格しているのに対し、原告らも含めた既婚者26名中昇格者は2名だけであって、既婚女性社員と未婚女性社員との間に顕著な格差があると認め、これらの認定事実を踏まえて、12名の原告のそれぞれについて、非常に詳細な評価をしている。

　判決では、原告ら既婚女性に対する人事考課について、妊娠・出産、育児時間の取得などの時期と、低い査定を受けた時期が概ね一致していることから、これらの事実が原告らの低評価をもたらしたものとして、被告の違法性を認めている。被告としては、既婚女性であることを理由とする差別は否定するものの、判決では、産休や育児時間等によってその間の業務量が他の職員より減少することはやむを得ず、これをもって人事考課のマイナス要因とすることは、それにより労働基準法上の権利の取得を事実上妨げ、こうした権利を保障した趣旨を実質的に失わせることになり許されないとの見解を明確に示している。

　今後、一律の定期昇給がなくなったり、その比重が低下したりして、成果を重視した人事考課が更に進み、それによって昇給・昇格が決まるようになった場合、産前産後休業、育児休業、育児時間など、現実に労務を提供しなかった期間を人事考課に当たってどのように評価するかが、非常に厳しく突きつけられると考えられる。本件では、被告としては、原告らが現実に労務を提供しなかった以上、その間は会社に貢献しなかったため、通常通り労務を提供していた社員よりも低い評価をすることは当然と考えたものと思われる。また、原告らの多くは、小さな子供を抱えていたことから、残業を極力しないで定時退社する機会が多かったようであるが、業務命令に違反したなどの事情が

ない以上、人事考課上のマイナス要因とすることは相当ではないとし、元々被告は既婚女性社員の継続勤務を歓迎していなかったことからみて、残業をしないことを理由に低査定とすることは既婚女性に対する差別であるとの判断を示している。原告12名は、それぞれ様々な事情を抱え、中には勤務成績に問題があった者もいたようであるが、いずれにせよ被告は原告らに対し、既婚女性であることを理由として人事考課上不利益な取扱いをしたとして、それぞれの者の差額賃金相当額、臨時給与の差額相当額、既に退職している者については退職金の差額の外、不合理な査定などによる精神的苦痛に対し、被告に対し、原告らそれぞれにつき、300万円から100万円の慰謝料の支払いを命じている。

　原告らによる大阪婦人少年室長の調停不開始についての国に対する損害賠償請求については、原告らが問題にしているのは未婚女性と既婚女性との間のいわゆる「女々間差別」であって、男子労働者と比べて不利益な取扱いをしないように求めている男女雇用機会均等法の調停事項ではないとした判断に違法な点はないとして、原告らの主張を斥けた。

　本件は控訴されたが、第1審で命じられた総額9000万円と同額を解決金として原告12名に支払うことで和解が成立した。

4 手当の支給における差別的取扱い

(1) 岩手銀行家族手当等男女差別事件　盛岡地裁昭和60年3月28日判決、仙台高裁平成4年1月10日判決

> **結論**　「世帯主たる行員」に支払われる家族手当について、女性にのみ配偶者の所得制限を設けることは、性別のみによる差別であり、労働基準法4条に違反し、公序良俗に反し無効である。

　本件は、銀行（被告・控訴人）が「世帯主たる行員に対しては家

族手当を支給する」としつつ、「世帯主たる行員」について「その配偶者が所得税法上の扶養親族対象限度額を超える所得を有する場合は、夫たる行員とする」と規定した給与規程に基づき、女子行員（原告・被控訴人）に対し家族手当、世帯手当を支給していたところ、その夫が市会議員に当選して扶養控除対象額以上の所得を得るようになったことから、これらの支給を打ち切った事件である。原告は、給与規程のこの部分は女性であることを理由として賃金について男性と差別的取扱いをするものであるから無効であるとして、未支給分の手当の支払を請求した。

　第1審では、被告における家族手当の支給は、扶養家族を有する行員に対してその家計を補助することを目的としたものであり、その目的に徴すると、それ自体の性格が性別とは無関係の手当と解するのが相当であるとした上で、支給基準の内容として夫婦のいずれか一方にあらかじめ特定するという男女の性別に着目した基準を設けることの合理性を根拠づけるものにはなり得ないとの判断を示した。家族手当も労働基準法4条の「賃金」に該当することから、本件給与規程部分は、労働基準法4条、92条によって無効であり、また世帯手当の受給資格についても家族手当と同様に解すべきとしている。

　本件は被告が控訴したところ、控訴審では第1審に比べて被控訴人（原告）と夫の収入を比較して、どちらが世帯主＝主たる生計維持者であるかについて検討を加えている。すなわち、被控訴人の夫の所得が各年度300万円であり、妻たる被控訴人の所得が各年度600万円であること等によると、主たる生計維持者は被控訴人であって、長女は被控訴人によって扶養されていると認められるから、被控訴人は給与規程にいう「自己の収入をもって、一家の生計を維持する者」に該当し、「子を扶養して世帯を構成する行員」に該当すると認めている。そして、本件で問題となった家族手当、世帯手当は労働基準法に定める賃金であるとして、男性に対しては妻に収入があっても本件手当を支給しな

がら、被控訴人のような共働きの女性に対しては、実際に子供を扶養していても夫に収入があると本件手当を支給しないという扱いは、性別のみによる差別取扱いであり、労働基準法4条に違反し、民法90条により無効であると判断している。

　本件の舞台となった銀行では、給与規程で、扶養家族を有する世帯主たる行員に対しては、家族手当及び世帯手当を支給すると定めており、その限りでは男女差別はないが、配偶者が所得税法に定められる扶養家族対象限度額を超える所得を有する場合は「夫たる行員とする」としており、ここで男女差別が生じてきたものである。

(2)　日産自動車家族手当男女差別事件　東京地裁平成元年1月26日判決

> **結論**　家族手当の支給対象を「世帯主」に限ることは、ほとんどが男性に支給される運用があるとしても、男女差別には当たらない。

　本件は、自動車会社（被告）に勤務する女性社員7名（原告）が、家族手当の支給を拒否されたことが、女性であることを理由とした差別であるとして、不支給分の家族手当のほか慰謝料を請求した事件である。

　判決では、家族手当は生活補助的な性質が強いからその支給を実質的な意味での世帯主に限るという被告の運用はあながち不合理とはいえず、実態としてほとんどが男性に支給される被告の運用には合理性があるとして、原告の請求を棄却した。

　本件では、被告は、通例夫が世帯主になっていることから、支給申請について女性のみに夫の収入証明書等の提出を求めており、その点も原告から男女差別との指摘を受けていたが、これについても女性を不当に差別するものではないとして原告の主張を斥けた。恐らく、大部分の共働き夫婦について、夫の方が所得が高い実態があることから、

男性に妻の収入証明書の提出を求めても、男性社員、被告双方に無駄な手間がかかるという事務的な便宜を考慮したものと思われる。

また、コース別雇用管理のところで紹介した「住友化学工業事件」では、扶養家族や社宅についての厚生給の支払を巡っても争われている。判決では、厚生給も賃金に当たるから、労働基準法4条により男女平等に扱わなければならないとの原則に立ちつつ、共稼ぎ夫婦の場合、両方に支給することは二重給付になるから実質的な家計の主宰者のみに支給することは不合理とはいえないとした上で、支給事務の煩雑さ等を考慮すると、住民票の世帯主を厚生給の支給対象とすることには理由があり、これは男女差別には当たらないとして原告の請求を棄却している。

(3) ユナイテッドエアーランズ配偶者手当不支給事件　東京地裁平成13年1月29日判決

> **結論**　婚姻した者に対し男女の区別なく配偶者手当を支給することは、独身者を不当に差別するものではなく、公序良俗に違反しない。

航空事業を営む本件会社（被告）では、男女を問わず法律上婚姻している者に対しては、配偶者の収入の有無、額を問わず一律に配偶者手当を支給していたところ、独身の女性社員（原告）は、これは婚姻しているか否かという社会的身分による差別であるから、労働基準法3条（均等待遇）、憲法14条（法の下の平等）に違反すること、結婚をすれば給与が上がるという差別は、結果として結婚の強制に繋がり、憲法13条（幸福追求権）、24条（婚姻の自由）に違反することから、公序良俗違反として無効であると主張した。更に原告は、配偶者手当の支給は、結婚するのが当たり前という偏見、慣習を助長しているから、偏見及び慣習その他あらゆる慣行の差別撤廃を求めている女性差別撤

廃条約に真っ向から反すること、結婚しないことをおかしいなどというセクシャルハラスメントを後押しし、従来の封建的な社会慣習、文化的規範を押し付ける効果を持つから、男女雇用機会均等法にも違反すると主張した。その上で原告は、配偶者手当が支給されてきたことは労働基準法3条に違反し、不法行為を構成すること、婚姻の有無で賃金の差別をすることは債務不履行となることを主張し、被告に対し、この不合理な差別により28年間にわたって支給されなかった配偶者手当相当額800万円及び職場内で「結婚すれば良い」などと中傷を受けた精神的損害に対する慰謝料800万円を請求した。

　判決では、家族手当の果たしている社会経済的な一般的役割に照らせば、具体的労働に対する対価という性格を離れ、家族関係を保護するための生活扶助又は家計補助給としての経済的性格を持ち、当時の労働省の調査によれば、配偶者の所得制限のない支給規程を設けている企業も半数に上っていることが認められるから、これらの事実からすれば、本件配偶者手当支給規程は独身者を不当に差別した不合理なものとはいえず、男女差別も見られないから、公序良俗違反には当たらないとして原告の請求を全て棄却した。

　配偶者手当など家族手当の支給が問題となる場合、男性に比べて女性が不利に扱われることがほとんどであるが、本件は男女差別の観点ではなく、婚姻の有無による差別を取り上げたところが特色となっている、原告は、婚姻の有無によって差別するのは、労働基準法3条違反、すなわち社会的身分による差別であると主張しているが、婚姻など自らの意思で決定できるものは、ここでいう「社会的身分」には当たらないというのが本判決の見解であり、通説といえる。

5 ｜ 同一（価値）労働同一賃金

　働き方改革に関する関連法は、平成30年6月に成立したところ、その内容は多岐にわたっているが、その中心をなしていたのが、いわゆ

る非正規労働者と正規労働者との間の格差の是正、「同一労働同一賃金」の実現であったといえる。上記法律の成立を受けて、同一労働同一賃金に関する指針（短時間・有期雇用労働者及び派遣労働者に対する不合理な待遇の禁止等に関する指針）が示され、同関連法は令和2年4月1日から施行された。

　同一労働同一賃金については、上記法案以前から、様々な場面で盛んに議論され、裁判で争われたケースも少なくなかったほか、異なる仕事であってもその価値が同等であれば同一の賃金を支払わせるという「同一価値労働同一賃金」も、男女の賃金格差を解消するための手法としてかなり主張されてきたところである。

　賃金における男女の格差は、これまで述べてきたように、多くの場合「男性には基幹的な業務を与え、女性には補助的・定型的な業務を与える」ことによるものであるから、そもそも「同一労働」の前提を満たしていなかった。しかし、その中でも、同一労働でありながら、女性であることを理由として差別的取扱いをされた疑いのあるものや、上記「同一価値労働」を巡る争いもある。

(1)　**丸子警報器臨時従業員賃金差別事件**　長野地裁上田支部平成8年3月15日判決

結論	「同一価値労働同一賃金の原則」は一般的な法規範としては存在しないが、労働基準法3条、4条の理念に反する賃金格差は、使用者に許された裁量の範囲を逸脱したものとして公序良俗違反を招来する場合がある。女性臨時従業員らの労働内容は女性正社員と全く同一であり、会社が臨時従業員として固定化し、形式的に雇用期間の更新を繰り返すことにより女性正社員との顕著な賃金格差を拡大し続けた場合、臨時従業員らの賃金が同じ勤務年数の女性正社員

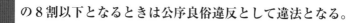

の8割以下となるときは公序良俗違反として違法となる。

　本件は、会社（被告）に2カ月間の有期雇用契約を繰り返し更新されて最大で25年を超える長期間勤務していた女性臨時従業員28名（原告）が、その勤務実態からみて、臨時とは名目的で、勤務時間、仕事の内容は正社員と変わらないとして、正社員と同額の賃金の支払いを請求した事件である。本件は、その規模の大きさもさることながら、臨時従業員に対しても正社員の8割を超える賃金を支払わなければならないと、許容される賃金格差の限度を具体的に示した点で、当時非常に反響を呼んだ判決である。正社員と臨時社員との格差問題は、現在でも、というより、本判決が出された当時よりも現在の方がより深刻になっているともいえるから、本判決の持つ意義は決して失われていないといえる。

　判決では、雇用調整の必要性から、臨時従業員制度自体の必要性は認めているものの、それを前提とした上で、その違法性の判断について、①男女差別、②身分による差別、③同一（価値）労働同一賃金の観点から判断している。

　まず①について、被告は臨時従業員として専ら原告ら既婚女性を採用していたが、ラインの組立作業は単純な繰返し作業で女性の方が適していること、中高年の家庭の主婦の採用が容易であることをその理由として挙げている。これは女性の適性・能力についての固定的な見方と言わざるを得ないが、さすがに判決では、単純作業の適性については、性による適性の有無が科学的に正当であるか疑問である上、個人の適性を無視して性を区別基準とすることは不当な男女差別の原因となるものであって妥当でなく、臨時従業員に中高年女性のみを採用することには合理的な理由がないとしている。しかし、その一方で、原告らが違法に差別されているというためには、女性であることを理由に男性とは異なる取扱いを受け、法規範に違反していると認められ

ることが必要であるとした上で、本件は女性であるが故に不利益を受けた場合には当たらないとしている。その理由としては、当時、臨時従業員と正社員とは職種、募集・採用方法が異なっていたこと、正社員の採用が極めて少なくなっていたことから、原告らが採用される際に、男女差別がなければ正社員として採用されたような状況ではなく、むしろ男性であれば採用の対象とはならなかった、つまり、臨時従業員については「女性のみ採用」で、女性を有利に取り扱ったものだから、不当な男女差別には当たらないとしたわけである。判決当時の男女雇用機会均等法は、募集・採用に当たって、その対象を女性のみとし、男性を排除することは適法としていたことから、その考えを踏まえたものであったと推認される。

　ただ、原告らが採用された当時は、ライン要員として正社員も採用しており、原告らが正社員となる余地が全くなかったという状況ではないから、原告らが臨時従業員として採用されたことが、一応労働基準法3条、4条で禁止する違法な差別となり得るとした上で、これも違法な差別には当たらないとしている。すなわち、同法3条、4条は雇入れ後の労働条件についての差別を禁止するものであって、雇入れの自由を制限するものではないと解され、ILO100号条約「同一価値労働に対する男女労働者同一賃金に関する条約」を我が国でも昭和42年に批准するなど、男女差別をなくそうとする動きは国際的な流れであり、男女雇用機会均等法が立法化されるなど、男女平等について法的な規制が要請されつつあると見られるものの、募集・採用についての男女均等取扱いは未だ事業主の努力義務に止まるものであって、多くの原告が採用された当時であれば、なおさら雇入れ時における男女平等が公序良俗として要請されていたとはいい難いとして、被告の採用方法を違法とは評価できないと判断している。

　また②については、問題は「正社員」「臨時従業員」の区別が、労働基準法3条に定める「社会的身分」に該当するか否かであるが、こ

の「社会的身分」とは、自己の意思によっては逃れることのできない社会的分類を指すものであるから、「正社員」「臨時従業員」の区別は、この「社会的身分」には該当しないとの判断を示している。

更に、③については、同一価値労働同一賃金の原則は一般的な法規範としては存在せず「公の秩序」として存在するとはいえないとし、その根拠として、多くの企業で年功序列による賃金体系を基本とし、職歴による賃金の加算や扶養手当などの制度を設けてきたことを挙げている。つまり、正社員同士であっても労働の価値と賃金とは必ずしも正確には対応していないことなどから、同一価値労働同一賃金の原則は、不合理な賃金格差を是正するための一種の指導理念とはなり得ても、これに反する賃金格差が直ちに違法となるという意味での公序とみなすことはできないと判断したわけである。しかし、このことは同一価値労働同一賃金の原則を考慮しなくて良いというわけではなく、労働基準法3条、4条の規定の根底には均等待遇の理念が存在し、それは人格の価値を平等と見る普遍的な原理と考えられ、賃金格差の違法性の判断において重要な判断要素として考慮されるべきものであって、その理念に反する賃金格差は、使用者に許された裁量の範囲を逸脱したものとして公序良俗違反を招来する場合があると、その意義を強調している。

本判決では、同一価値労働同一賃金について上記のような基本的見解を述べた上で、原告らは、同じラインで作業する女性正社員と、職種、作業内容、労働時間等が全て平等であること、勤務年数も長い者で25年を超えて女性正社員と変わりがないこと、採用の際にもその後の契約更新時においても、原告らの側においては身分について明確な認識を持ち難い状況であったことなどに鑑み、原告らの労働内容は女性正社員と全く同一ということができ、臨時従業員においても年功序列の賃金の上昇を期待するのも無理からぬものとしている。このような場合、会社としては、一定年月以上勤務した臨時従業員には正社員への途を

用意するか、身分はそのままとしても年功序列の賃金体系を設ける必要があったにもかかわらず、原告らを臨時従業員として固定化し、形式的に雇用期間の更新を繰り返すことにより女性正社員との顕著な賃金格差を拡大し続けたことは、均等待遇の理念に違反し、公序良俗違反として違法と判断している。そして本件では、賃金における最も重要な要素である労働内容が同一であること、一定期間以上勤務した臨時従業員については年功も正社員と同様に考慮すべきことなどを考慮して、原告らの賃金が同じ勤務年数の女性正社員の８割以下となるときは、許容される賃金格差の範囲を明らかに超え、その限度において会社の裁量が公序良俗違反として違法となるとの判断を示した。

　本判決を要約すれば、同一価値労働同一賃金の原則は、それ自体公序といえるまでには至っていないものの、その根底には労働基準法でも示された均等待遇の理念が存在していることから尊重されなければならず、臨時従業員と正社員の業務内容が同一である場合、余りに大きな待遇の差を設けた場合、違法となり得るということである。

　本判決は「賃金が正社員の８割以下は違法」という点が独り歩きしたような感じがするが、いずれにせよ「８割」という具体的な数値を示した点は画期的であったといえる。この８割基準は、被告からは、賃金の決定については使用者の裁量によるものである、原告からは「同じ仕事をしながら、何故２割未満の格差が許容されるのか」との批判が出されたことが推測される。確かに、８割という基準は理論的に説明できるわけではなく、裁判官の感覚で示された数字ではあろうが、同一労働同一賃金を判断するに当たって必要とされる「相場感覚」からすれば、それなりに納得性のある数字ではないかと考えられる。本判決は、８割基準を導くまでに、相当多方面に目配りしており、男女賃金差別についてかなり詳しい考察をしている部分や、異なる職種間における同一価値労働同一賃金についても触れるなどしていることからすると、男女の賃金差別を語る上で特筆すべき裁判例といえる。

　なお、本件は控訴されたが、臨時従業員について①給与を日給制から月給制にする、②5年間に毎年3000円ずつ月給を増額する、③一時金の支給月数を正社員と同一にする、④和解成立後の勤続に対する退職金の計算方法を正社員と同一にし、和解成立時までの勤続に対する退職金を従前の2.5倍に改めるなどの内容で和解が成立した。和解による賃金体系の是正により、原告らの賃金は5年後には正社員の9割前後となることとなった。

(2)　**内山工業男女賃金差別事件**　岡山地裁平成13年5月23日判決、広島高裁平成16年5月28日判決

結論	同一の労働とは、職務評価等を通じて同価値と評価される職務をいうものであり、賃金等に明確な格差が生じている男女の区分において、職務内容及び職責等が明確に異なるとは認められないから、男性と女性は同価値と評価される職務に従事しているといえる。会社が女性であることのみを理由として男性との間に格差を発生・維持していることは労働基準法4条に反する不法行為に該当する。賃金表につき労使合意があっても違法性は阻却されない。

　本件会社（被告）に勤務する従業員及び従業員であった女性19名（原告）は、被告が、原告らが女性であることを理由として、各原告と勤続年数、年齢を同じくする男性と比較して、賃金等につき不合理な差別をしたとして、不法行為に基づき、昭和63年から平成11年までの、差別がなかったとすれば支給されたはずの賃金、一時金、退職金と、実際に受給したそれらとの差額の支払いを請求した。

　第1審では、まず、男女間に格差が存在する場合には、それが不合理な差別であると推認され、使用者側で右格差が合理的であることを立証できない場合には、その格差は女性であることを理由とする不合

理な差別と推認するのが相当であるとの基本的認識を示した。その上で、被告においては職務の区別の不明確さ及び男女の配置の区別のあいまいさに比して、2表適用の社員（女性）は、1表適用の社員（男性）の約8割の基本給しか支給されていないことから、その裁量を逸脱したものと言わざるを得ず、加えて、1表と2表は、昭和56年以前は「男子賃金表」「女子賃金表」と性別により区別されていた歴史からすると、本件においては男女の賃金格差に合理的な理由があるとはいえないと判断し、基本給については不合理な差別が存在したこと、基本給を基に算出されてきた再雇用賃金、世帯手当、一時金、退職金についても不合理な差別が存在することとの判断を示した。また、賃金表が労使合意のもとに作成されているとしても、その内容が不合理な賃金差別を含むものであり、労働基準法に違反するような場合にまでこれに拘束されると解するのは相当でないと、労使合意があっても違法性は阻却されない旨示している。

　更に、使用者が女性を男性と同一の労働に従事させながら、女性であることのみを理由として賃金格差を発生させてこれを是正しなかった場合、その使用者の行為は、労働基準法4条に違反するものとして不法行為を構成するとの判断を示した。判決では、同一の労働とは、形式的に職務内容及び職責を同じくする労働のみならず、職務内容、職責などに関して職務評価等を通じて同価値と評価される職務をいうと、同一価値労働同一賃金の定義を示し、本件においては、賃金等に明確な格差が生じている男性と女性という区分においては、その職務内容及び職責等は明確に異なるところがあるとは認められないから、男性と女性は同価値と評価される職務に従事しているといえるとの判断を示した。その上で、被告が、原告らの賃金等につき、女性であることのみを理由として男性との間に格差を発生・維持していることは労働基準法4条に反する不法行為に該当するとして、被告に対し、各原告と同勤続年数、同年齢の男性に支給されるべき賃金と、各原告らに実

際に支給された賃金等の差額の支払いを命じた。

　控訴審では、基本的に第1審と同一の考え方に立って、控訴人（被告）の控訴を棄却したが、請求の一部は消滅時効が成立しているとして、賠償額を一部減額した

⑶　京ガス男女賃金差別事件　京都地裁平成13年9月20日判決

> **結論**　事務職の女性社員が、同期入社で現場業務に従事する男性と、仕事の内容は異なるものの、その労働の価値は同一であるとして、差額賃金を認める。

　本件は、ガス配管工事請負等を業とする本件会社（被告）に勤務し、係長に昇進した女性社員（原告）が、基本給及び賞与を同期入社の男性社員Aと比較すると、平成2年4月から平成13年3月までの間に賃金格差が生じており、これは女性であることを理由とする差別によるものであって、この差別は、憲法14条及び労働基準法4条に違反するとともに、ILO条約、国連女性差別撤廃条約にも違反し、不法行為を構成するとして、差別賃金相当額1393万円余及び慰謝料500万円などの支払を請求した事件である。

　判決では、Aと原告との賃金の差額は1384万円余あり、賃金格差があるとした上で、原告とAの仕事を対比し、原告の職務内容は、①積算業務、②検収（精算）業務、③大阪ガスとの連絡・折衝、④その他の業務、一方Aの職務内容は、①施工前業務、②工程管理、③現場間の移動、④大阪ガスのパトロールへの随行・立会い等であると認定し、両者の各職務の困難さにつき、知識・技能、責任、精神的な負担と疲労度などを検討すると、各職務の価値に格段の差はないと認めるのが相当であるとの判断を示している。すなわち、原告は主にいわゆる内勤、比較の対象とされたAはいわゆる現場業務と、職務の内容は大きく異なるものの、その価値には差がないと認定している。本判決は、一部

からは、同一価値労働同一賃金を認めた先進的な判決と評価されたが、具体的な根拠を示さず、唐突に両者の職務は同価値と決め付けているわけで、判決をいくら読んでも、なぜ両者の職務の価値が同一と評価されるのかがさっぱり伝わって来ない。

　本判決は、更に男女に対する仕事の与え方にも触れ、男性には一定の社外経験後監督見習いとなり、その後試験に合格すれば監督職になることができることとされ、Ａもこの方法で監督職になったが、女性である原告については、本人の意欲や能力に関わりなく監督職になれる状況にはなかったと判断している。そして、このことを前提に本件賃金格差が、女性であることを理由とする差別に当たるかを検討すると、①原告とＡは同期入社であり、年齢もほぼ同じであること、②被告の就業規則には事務職と監督職も同じ事務職員に含まれていること、③男性のみ監督職となることができたこと、④原告とＡの各職務の価値に格別の差はないと認めるのが相当であることからすると、本件賃金格差は、原告が女性であることを理由とする差別と認められ、労働基準法４条に違反し、民法709条に基づき、被告には原告に生じた損害を賠償する義務があるとの判断を示した。その上で、原告とＡの各職務に格別の差はないものの、賃金の決定要素には、その個人の能力、勤務成績等の事情も大きく考慮されるところ、その損害を控え目に算出すると、差別がなければ原告に支払われたはずの賃金額は、Ａの給与総額の８割５分に相当すると認めるのが相当であるとして、差額を560万円、慰謝料を50万円、弁護士費用を60万円と認めた。本件は被告が控訴したが、結局被告が原告に800万円を支払うことで和解が成立した。

(4)　京都市財団法人嘱託職員賃金差別事件　京都地裁平成20年7月9日
判決、大阪高裁平成21年7月16日判決

> **結論**　労働基準法3条にいう「社会的身分」は自己の意思によっては逃れることのできない身分を意味するところ、嘱託職員であることはこれには当たらない。嘱託職員は性別を問わずに募集をして、男女別賃金表を適用しているわけではないから、賃金処遇が女性であることを理由とする差別的取扱いとはいえず、労働基準法4条にも違反しない。

本件は、京都市男女共同参画センターを管理運営する財団法人（被告・被控訴人）に嘱託職員として勤務する女性（原告・控訴人）が、途中大学院に入学する等のため4年間勤務を中断しながらも、正味約9年間勤務していたところ、労働の内容が一般職員（正規職員）と同様であるにもかかわらず、賃金が一般職員よりも低いことは、憲法13条（幸福追求の権利）、14条（法の下の平等）、労働基準法3条（均等待遇）、4条（男女同一賃金の原則）、国際条約で定められた「同一価値労働同一賃金」の原則に反し無効であるとして、不法行為に基づき、一般職員との賃金及び退職手当との差額506万円余の支払を請求した事件である。

第1審、控訴審ともほぼ同様の論旨で原告の請求を棄却したが、ここでは控訴審判決を取り上げる。

判決では、まず憲法違反と控訴人の主張については、憲法は私人相互の関係を直接規律することを予定するものではないとして、斥けている。また、憲法14条の趣旨を受けて定められた労働基準法3条にいう「社会的身分」は自己の意思によっては逃れることのできない身分を意味するところ、嘱託職員であることはこれに当たらないから、本件賃金処遇は同条に違反することはないこと、本件嘱託職員は性別を問わずに募集をして、男女別賃金表を適用するなどしているわけでは

ないから、本件賃金処遇が女性であることを理由とする差別的取扱いとはいえず、労働基準法4条にも違反しないこととして控訴人の請求を斥けた。また、控訴人は、非正規職員の多数が女性で、非正規職員に対して一般職員より低い処遇をすることは、女性に対する間接差別であるとも主張したが、利用者の女性から見て女性が担当する方が利用しやすい側面があること、一般職員でも8割が女性であることを考慮すると、嘱託職員の処遇が間接差別とは認め難いと判断した。控訴人は、このほかにも、本件処遇が「同一価値労働同一賃金」を定めたILO100号条約や国際人権規約A規約、女子差別撤廃条約11条1項d項に違反するとも主張したが、これら国際規約は自働執行力を有しないとしてこれらの主張はいずれも斥けられた。

　更に同判決では、短時間労働者法（パート労働法）を取り上げ、正規労働者と非正規労働者の労働が同一（価値）労働であるにもかかわらず、非正規労働者の賃金が同法で求める均衡を著しいほどに低額で許容できないほどの賃金格差が生じている場合には均衡の理念に基づく公序違反として不法行為が成立する余地があるとの解釈を示した。しかしながら、控訴人の場合は専ら相談業務に従事し、同時期に相談業務に従事していた3名はいずれも嘱託職員で比較対照すべき一般職員はいなかったこと、控訴人は比較的短期間の在職を予定され、業務全般に通暁した基幹職への成長が期待されていなかったこと、採用試験の方法も異なり、一般職員は教員等の一定の資格を要するのに対し嘱託職員にはその要件はなかったこと、採用後の拘束も一般職員より緩かったことなどから、控訴人の労働が一般職員の労働と比較して、同一又は同一価値とは認められないとの判断を示した。

6 公務における男女異なる処遇

　公務の世界では、民間に比べて一般に男女平等が進んでいると言われているように思われるが、それでも賃金や昇格の面で男女の差別的

取扱いがかなり行われているようである。以下の事例は、共に、結局
は女性側の敗訴となったが、公務部門における男女の差別的取扱いの
可否が争われた事件である。

(1)　**鈴鹿市男女昇格差別事件**　津地決昭和55年2月21日判決、名古屋高裁
　　昭和58年4月28日判決

結論	公務員の昇格は任命権者の権限であって、職員に昇格請求権はないが、任命権者が恣意的に著しく裁量権を濫用して昇格を行わなかった場合に限り違法となる。本件は男女の間で昇格において相当な格差があるが、裁量権を濫用したとまでは認められない。

　本件は、鈴鹿市（被告・控訴人）に採用され、事務職として消防署
に勤務する女性職員（原告・被控訴人）が、男性職員は5等級16号俸
から4等級8号俸へ昇格しているのに、自分は5等級19号俸になって
も昇格できなかったことが女性であることを理由とする差別的取扱い
に当たるとして、平均的男性職員との賃金差額相当額38万円余と慰謝
料100万円及び弁護士費用40万円を請求した事件である。

　第1審判決では、地方公務員法13条で規定する平等取扱いの原則
は、女子職員は同一の条件で同等の職務に服する限り、男子職員に比し、
不当に不利益な差別待遇を受けない法律上の利益を有することを意味
するから、市が原告に対し4等級への昇格発令をしなかったことが不
当差別であるならば、原告の有する法律上の利益を違法に侵害するも
のとして、慰謝料のほか、本来なされるべき昇格をした場合に受けた
であろう給与と、現に受けた給与との差額を被告に請求できるとの基
本原則を示した。その上で、市においては、男子職員については、昇
格基準該当者のうち、客観的に昇格不適当と認められる事由を有する
者以外の全員につき昇格が実施されているところからみて「5等級16

号俸」以上の者は、特段の事由がない限り、一律に昇格を認める運用
がされていたと推認できるところ、原告に対し昇格を実施しなかった
のは女性であることにより不当に不利益な取扱いをしたもので、違法
に原告の利益を侵害したとして、国家賠償法に基づき、市に対し、総
額142万円余の損害賠償の支払いを命じた。

　これに対し控訴審では、正反対の結論が導かれ、原告の請求が斥け
られた。すなわち、公務員の昇格は、もともと任命権者に認められた
権限であって、公務員に昇格請求権はなく、ただ任命権者が恣意的に
社会通念上著しく裁量権を濫用して昇格を行わなかった場合に限り違
法となるとの基本的考え方を示した上で、市においては、昇格者数に
おいて男子職員（37名中28名）と女子職員（60名中9名）の間で相当
な格差があり、男子職員に関して等級別標準職務制がかなり緩やかに
運用されている観を呈しているが、特段の事情がない限り一律に昇格
させる程緩やかに運用していたわけではないと判断した。そして、市
においては、昇格選考においての裁量権はかなり広範囲にわたっており、
本件に係る昇格運用を全般的に見る限り、任命権者（市）が社会通念
上著しく妥当性を欠いて裁量権を付与した目的を逸脱し、これを濫用
したとまでは認められないとして、原告の請求を棄却した。

　本件は、多くの地方公共団体において、能力や業績を重視すること
なく、一定のレベルまではほぼ一律に昇格させる運用がなされ、男子
職員については特段の事情のある職員を除いてほぼ一律に昇格させな
がら、女子職員についてはそうした安直な昇格管理をしなかったこと
が発端となったもので、男子職員に対する昇格管理が元々法の定める
基準に合致していなかったとも考えられる。原告の主張は、要するに「男
子職員と同じ緩い昇格管理をしろ」ということと考えられることから、
裁判所は、こうした安易な昇格管理を前提にして女子職員の救済を図
ろうとするインセンティブが働かなかったのであろう。

(2)　参議院事務局男女昇格差別事件　東京地裁平成元年11月27日判決

結論	昇格基準を満たしているからといって当然に昇格する権利・地位を取得できるわけではなく、昇格については任命権者の自由裁量であるとして、退職女性職員の昇格請求を棄却する。

　参議院事務局で勤務していた女性職員（原告）は、4等級に昇格した後、3等級に昇格しないまま定年退職したところ、これは女性であることを理由とした差別であり、遅くとも定年7～8年前には3等級に昇格されるべきであったと主張し、また、在職34年の原告を4等級のままに据え置いたことは、二部大卒女性に対する差別であり、国家公務員法、労働基準法に反するなどとして、参議院（被告）に対しては、任用行為の違法確認と現状回復（差額賃金の支払）及び慰藉料3000万円の支払を、国（被告）に対しては損害賠償994万円余の支払を請求した。判決では、参議院は請求の当事者足り得ないとして、参議院に対する請求を却下するとともに、国に対する請求については、昇格基準（必要在級年数又は必要経験年数）を満たしているからといって、当然に昇格する権利ないし地位を取得できるわけではなく、いかなる職員を3等級に昇格させるかは、任命権者の自由裁量に委ねられており、原告の任命権者が裁量の範囲を逸脱して原告を3等級に昇格させなかったと認めるべき証拠はないとして、原告の請求を棄却した。

第4章　休業・休暇、妊娠・出産等を理由とする不利益取扱い

1　生理休暇の取得を理由とする不利益取扱い

　労働基準法は、以前その67条に生理休暇の定めを置いていたが、昭和61年の男女雇用機会均等法制定と併せて改正された同法ではこれが廃止され、現在は「生理日の就業が著しく困難な女性に対する措置」として規定されている（68条）。したがって、生理休暇は制度としては廃止されたものの、実際に生理日における就業が困難な女性については、個別措置として就業が免除されることとなっている。改正前も、生理日であれば無条件で休めるというものではなかったが、事柄の性質上、生理日であるか否か、生理日であったとしても果たして就業が困難な程度に至っているかなどを厳密にチェックすることはしくいことから、多くの場合には本人からの申告をそのまま受け入れざるを得ず、しばしば濫用の弊害が指摘されていた。

　生理休暇が廃止されたのは、男女雇用機会均等法が施行された昭和61年であるが、そこに至るまでは様々な確執があり、大きなインパクトを与えたものとして、昭和53年11月20日の「労働基準法研究会報告」が挙げられる。同報告書では、生理休暇について、医学的根拠がなく本来廃止すべきであると指摘しており、この指摘が生理休暇を廃止する労働基準法改正につながったものと考えられる。

　生理休暇を巡っては、特に昭和40年代半ばから昭和60年代にかけて裁判で激しく争われた。当時は、生理休暇が法律上の権利として明確

に位置付けられていたため、会社も生理休暇の取得自体を拒否することはできず、法律上は生理休暇期間の賃金の支払について何ら定めがなかった（無給でも合法であった）ことから、取得した生理休暇についての賃金の支払いを巡っての争いとなった。

⑴　**エヌ・ビー・シー工業生理休暇精皆勤手当減額事件**　東京地裁八王子支部昭和49年5月27日判決、東京高裁昭和55年3月19日判決、最高裁昭和60年7月6日判決

> **結論**　労働基準法上、生理休暇は有給を保障するものではなく、出勤扱いにするか欠勤扱いにするかは原則として労使に委ねられており、その取得日を欠勤扱いとすることが生理休暇の取得を著しく困難とし、制度の趣旨を失わせるものでない限り、労働基準法に違反するものではない。本件の精皆勤手当の差は、女子労働者の受忍範囲内である。

　生理休暇を巡って争われた事件としては、まず本件が挙げられる。本件会社（被告）は、出勤率の向上を図るため、精皆勤手当を設け、その支払について「出勤不足のない場合5000円、出勤不足日数1日の場合3000円、同2日の場合1000円、同3日以上の場合0円」としていたところ、女子労働者（原告・控訴人・上告人）らは、昭和46年10〜11月に生理休暇を2日取得し、11月期の精皆勤手当が4000円減額されて1000円とされたことから、その減額分の支払を求めたものである。本件は、第1審、控訴審とも原告の敗訴となっており、最高裁は次のような判断を示して上告を棄却した。

　①労働基準法は、生理休暇の請求により女子労働者がその間の就労義務を免れ債務不履行の責めを負わないことを定めたにとどまり、生理休暇が有給であることまで保障したものではない、②生理休暇取得日を出勤扱いにするか欠勤扱いにするかは原則として労使間の合意に

委ねられている、③生理休暇の取得日を欠勤扱いとすることによって経済的利益を得られない結果となるような措置・制度は、その趣旨・目的、労働者が失う経済的利益の程度、生理休暇の取得に対する事実上の抑止力の強弱等諸般の事情を総合して、生理休暇の取得を著しく困難とし、労働基準法が生理休暇の規定を設けた趣旨を失わせるものでない限り、労働基準法67条に違反するものではない。本件における約束についても、所定の要件を欠く生理休暇及び自己都合欠勤を減少させて出勤率の向上を図ることを目的としたものであること等の理由から、労働基準法67条に違反するものとはいえず、無効とすべき理由はない。

　同判決の内容を要約すれば、生理休暇の取得は女子労働者の権利として認められているものの、賃金の支払について、これを出勤扱いとするか欠勤扱いとするかは基本的に国が関知するところではないが、生理休暇を取得した女子労働者が、賃金等の面で余りにも極端な不利益を被るような場合には、事実上生理休暇を取得することが困難となって、制度の趣旨が失われるから許されないとの基本的見解を示し、その見解を踏まえて、本件の精皆勤手当の差程度であれば、女子労働者の受忍範囲内にあるということであろう。

⑵　**タケダシステム有給生理休暇変更事件**　東京地裁昭和51年11月12日判決、東京高裁昭和54年12月20日判決、最高裁昭和58年1月25日判決、差戻後東京高裁昭和62年2月26日判決

結論	有給の生理休暇取得限度を年24回から月2回に変更する就業規則の変更は、実際上の不利益は僅かであること、生理休暇の濫用がみられること、労働組合と再三交渉を行っていること、賞与等の算定に当たって相当の配慮を行っていることから、合理的である。

　本件は、電子機器メーカー（被告・被控訴人・上告人）が、昭和49年1月に就業規則を改正し、従来、生理休暇の日数を「年間24日、賃金全額支給」であったものを「月間2日を限度とし、1日につき基本給の1日分の68％保障」としたことから、女子労働者8名（原告・控訴人・被上告人）が、①労使協定化されていないのに会社は就業規則の変更を行ったから、その変更は組合員である原告らに効力を及ぼさないこと、②当該就業規則の変更は、原告ら女子労働者の既得権を奪い、一方的に労働条件を変更するものであるから効力を生じないことを主張して、減額された賃金分の支払いを請求した事件である。

　②の主張の根拠としては最高裁判決（注1）があると思われる。同判決では、就業規則の改定について「新たな就業規則の作成又は変更によって、既得の権利を奪い、労働者に不利益な労働条件を一方的に課することは、原則として許されないと解すべきであるが、労働条件の集合的処理、特にその統一的かつ画一的な決定を建前とする就業規則の性質からいって、当該規則条項が合理的なものである限り、個々の労働者において、これに同意しないことを理由として、その適用を拒否することは許されないと解すべきであり…」と述べている。要は「就業規則の不利益変更は原則として許されないが、合理的なものであれば労働者の合意がなくても許される」というわけである。ただ、何をもって合理的と見るかについては様々な見方があることから、その合理性の判断を巡って非常に多くの裁判が行われており、本件もその1つといえる。

　第1審では、生理休暇について、その必要性、取得の実績からみて濫用があったと判断され、企業負担との調整等から判断すると、就業規則の改定は合理性があり有効であると判断したが、控訴審では、実質賃金の低下を生じさせるような就業規則の一方的変更は許されないとして、1審判決を破棄して控訴人の請求を認容した。第1審では、生理休暇の取得について濫用があったことを就業規則改定の合理性を

認める基本的な根拠としていたが、控訴審ではその濫用があったか否かについては判断を避け、仮に濫用があったとしても、別途の方策を講じるべきであるとしている。

　これに対し最高裁は、原審が就業規則の変更が合理的なものであるか否かを検討することなく判示しているのは就業規則に関する法令の解釈運用を誤ったものであるとして、高裁に差し戻している。そして、差戻後の控訴審では、上記最高裁の見解を改めて示した上で、以下の諸事情を総合考慮すると、本件就業規則の変更は女性労働者にとって不利益なものではあるが十分な合理性があり、控訴人（原告）らにおいてこれに同意しないことを理由としてその適用を拒むことは許されないと判示している。

① 　有給生理休暇の取得が誠実に行われている限り、年24回から月2回への変更が従業員にもたらす実際上の不利益は僅少であること。

② 　就業規則の改定後に30％以上のベース・アップがあったことにより、具体的な保証額の減少は軽微に止まっていること。

③ 　生理休暇の取得回数の約6割が土曜日及び日曜日等の休日に接続して取得されているほか、取得回数が関連会社や一般企業のそれに比して高く、有給生理休暇の濫用があったといわざるを得ないこと。

④ 　生理休暇に係る就業規則の改定について労働組合とも再三にわたり交渉を行っても、なお調整が困難な状況にあったこと。

⑤ 　生理休暇の取得に際し、会社側は出勤率加給及び賞与の算定に当たって、欠勤、遅刻、早退などとみなさないなど相当な配慮を行っていること。

⑥ 　昭和53年11月20日の労働基準研究会報告書においても「雇用機会と待遇を男女平等に確保するという観点からも本来廃止すべきである」とされていること。

　上記②で30％のベース・アップがあったと指摘しているが、これは昭和48年秋に起こったオイルショックにより物価が高騰し、その対策

として翌昭和49年の春闘でこれだけのベース・アップが行われたもの
で、一過性のものといえる。ただ、30％のベース・アップは物価高騰
の後追い的なものであるから、これをもって保証額の減少が軽微に止
まったといえるかは疑問である。

　本判決については、朝日新聞が社説（昭和62年3月2日）で、「生
理休暇訴訟の判決に一言」と題して批判的見解を述べている。「向か
い風……とでも評したい司法の判断が示された」という書出しからみて、
内容は概ね見当がつこうというものである。この社説の言わんとして
いることは、濫用があったとの判決の指摘についての疑問、企業の論
理を優先し女性労働者に冷淡な判断ということのようだが、到底説得
力があるとは思えない。特に「お茶くみ、コピー取りなどの雑用にだ
け閉じ込めていたのでは、働く意欲も自覚も育たない。」と締めくくっ
ているところは、これが我が国を代表とする大新聞の社説かと暗澹た
る思いがする。一般論としては、その指摘は適切だとしても、本件に
ついてこのような書き方をすれば、「女性に働き甲斐を与えていない
以上、会社は生理休暇の濫用くらいは我慢しろ」と言っているように
受け止められかねず、かえって女性の職場での活躍を妨げることにも
つながりかねない。

⑶　日本シェーリング生理休暇欠勤扱い事件　大阪地裁昭和56年3月30日判決、大阪高裁昭和58年8月31日判決

結論	稼働率が80％以下の者は賃上げ対象から外す条項の下、生理休暇取得日を欠勤扱いに含めることは公序良俗に反し無効である。

　本件は、欠勤のほか、年次有給休暇、生理休暇、産前産後休業、育
児時間等による不就労時間を算定基礎とした稼働率が80％以下の者は
賃金引上げ対象者から除外するという条項（80％条項）を含む本件会

社（被告）の賃金引上げ協定の有効性が争われたものである。本件では24名もの女性社員が原告になって、80％条項の違法性を主張し、賃上げを行わなかったことによる賃金の差額及び債務不履行ないし不法行為により受けた損害に対する慰謝料等の支払を求めた。

　第1審では、80％条項の算定基礎の不就労時間に、欠勤の外、年次有給休暇、生理休暇、産前産後休業、育児時間等を含めることは、憲法、労働基準法の規定ないしその趣旨に反し、ひいては民法90条の公序良俗に反し無効であると判断した。これについて被告が控訴したが、控訴審では、80％条項は、実質的に労働者に対し休暇の取得等を抑制する機能を有しており、全体として、強行法規である労働基準法の外、労働組合法7条（不当労働行為）、憲法28条（団結権、団体行動権）の各規定ないしそれらの各規定の趣旨に反し、ひいては民法90条の公序に反するものというべきであるから、同条項の効力は否定されるべきものとして、控訴を棄却した。

　生理休暇に関する裁判例としては、上記の事件よりも前に出された先駆的事件がある（注2）。この事件は、賃金計算期間ごとに1回の有給生理休暇が認められていた会社（被告）において、生理周期ごとに1日休暇を取得した女性社員（原告）が、就業規則で認められる範囲を超えるとして、3日分の賃金カットを受けたことから、その支払いを求めたものである。第1審及び控訴審とも、就業規則は生理周期毎に1日与えるべきであるとの原告の主張を認め、被告に賃金カット相当分の支払を命じた。生理の周期と暦月とは必ずしも一致するわけではないから、月初に生理休暇を取得した者が、その月末にまた生理が来ることも当然あり得るわけである。それを「お前は今月初めに生理休暇を取ったから、今月中はもうやらない」ということが認められるかどうか考えるまでもないことで、判決は極めて当然である。ただ、支払を命じられた賃金額は僅か5900円なのに、会社はよくもまあ控訴したものである。

（注1）秋北バス就業規則改正上告事件　最高裁昭和43年12月25日判決

（注2）帝国興信所賃金請求事件　名古屋地裁昭和46年2月24日判決、名古屋高裁昭和48年10月15日判決

2 妊娠を理由とする解雇・雇止め

⑴　幼稚園教諭妊娠等雇止仮処分事件　浦和地裁昭和48年3月31日判決

結論　幼稚園教諭が体力を要するものであるとしても、妊娠を理由とする雇止めは無効。

　約半世紀前の事件であって、現在においてどれだけ役に立つか不明であるが、昔はこのようなことがあったことを知る意味で参考になるものと思われる。

　幼稚園を経営する学校法人（被申請人）に1年契約で雇用される幼稚園教諭4名（申請人）は、それぞれ2回ないし3回契約を更新した後雇止めを受けたが、その理由は、2名については妊娠したことであった。被申請人は、幼稚園教諭は肉体的に激しい労働を要求されるものであって、妊娠・分娩など安静を要する身体的機能と両立しないこと、法は出産婦人を保護する立場にあるが、このことは母性の保護を小規模な一経営体の全面的負担において行われるべきではないこと、売手市場にある幼稚園教諭にあっては再就職も容易であることを雇止めを正当とする理由に挙げていた。要は、幼稚園教諭は肉体的に厳しい職業であり、辞めても直ぐ再就職できるという理由で、経営的に余裕のない小さな幼稚園では学校卒業後の若い時期だけ勤務させ、妊娠とともに退職させることを堂々と主張していたわけである。確かにこの事件当時は、高度経済成長の円熟期にあり、恒常的に人手不足感があって、一旦退職しても、現在よりは再就職しやすかったであろうが、それにしても、幼稚園の経営者が言うべきことではないであろう。第一、退

職を恐れて女性が出産を控えるようになってしまったら、幼稚園の経営が苦しくなることは明らかであろう。園長たるもの、もう少し広い視野に立って判断して欲しいものである。

　もっとも、裁判所はその辺りを弁えており、幼稚園教諭の職務にはある程度の体力を要求されることは否定できないとしながら、一方で豊富な経験も要求されることから、幼稚園が大学新卒者を中心とした若い教諭による教育体制をとる必然性もないとして、被申請人の行った雇止めは解雇に当たると判断し、その上で「女性である限り、妊娠・出産は誰でも経験する事柄であり、しかもそれなくしては社会も国家も成り立ちえない」と非常に大上段に構えた言い方をした後「それ故、女性が労働者として受け入れられる場合には、母性としての機能が十分に保護されなければならず、したがって使用者はそれにより蒙る不利益を受忍しなければならない」とし、「予め女子労働者を解雇することによりその受忍義務を回避することは、労基法65条をかいくぐるものとして許されない」との判断を示している。そして「教諭が休暇を取ることによって園児に少なからぬ影響があるとしても、代替者を出産休暇前に付ける等の方法によって弊害を十分に防止し得ることなどに鑑みれば、幼稚園における教諭としての職務の特質も、妊娠・出産を解雇の自由とすることの合理的理由とはし難い」との判断を示している。

(2)　准看護婦等妊娠雇止事件　松山地裁平成13年12月28日判決

> **結論**　1年更新の准看護婦等に対する妊娠を理由とする雇止めについて、その承諾は積極的・能動的にされたことが必要であり、そうでないものは男女雇用機会均等法に違反し無効である。

　(1)と同様に、1年契約を更新していた女性労働者が、妊娠を理由に

雇止めされた事件である。本件は、介護者、准看護婦として病院（被告）に1年の有期契約によって勤務していた2名の女性（原告）が、1年の雇用契約を2回更新された後、3回目の更新に際し、妊娠を理由に雇止めを受けたものである。これについて被告は、原告ら準職員は正規職員の妊娠・病気の際の代替であって、妊娠したら不要である旨告げたところ、原告らは、当初これに異議を唱えず、自らの送別会にも出席したものの、その後被告に対し雇止めを拒絶する旨伝え、職務において正規職員と差はなく、雇用継続に合理的な期待を有しているとして、雇用契約上の地位の確認と賃金の支払いを請求した。

　判決では、雇止め承諾の意思表示は、消極的・受動的なものでは足りず、積極的・能動的にされたものであることが必要であるとの原則を示した上で、原告らは何ら意思表示をしなかったり、「わかりました」と言ったりしただけで、しかも、その後労働組合に相談したり、婦人少年室（当時）に訴えるなどしているところから、被告に対し雇止めを承諾したと評価することはできないとの判断を示した。そして、被告病院においては、夜勤勤務に就くことができることは、準職員にとっても本質的な条件であるから、契約更新時において被用者が通常勤務に就けないことは、一般に雇止めすることを相当とする特段の事情に当たるとしながら、被告は原告らが雇止めの時点で妊娠しおり、やがて勤務できなくなることを認識した上で雇止めしたと認められるから、雇止めの理由は原告らの妊娠であったとの判断を示した。その上で、事業主が妊娠や出産を退職の理由として予定したり、解雇の理由としたりすることは、男女雇用機会均等で禁止されているところ、その趣旨は本件のような期間を定めた雇用契約についても当然に妥当するとして、妊娠を理由とした本件雇止めを無効としている。

　本判決の結論は妥当と考えられるが、原告らは雇止めを拒否するのであれば、最初に事務長から雇止めを告げられた時に、ハッキリとその意思を伝えるべきであって、「わかりました」とこれを承諾するよ

うな回答したり、黙っていたりしたのでは、病院側が原告らが退職を了解したと受け止めるのもあながち不当ともいえないところがある。いきなり雇止めを通告されて動転し、拒絶の意思を明確に示すことができなかったことは理解できないわけではないが、自分の送別会にまで出席したのでは、被告側に退職の意思が一層確実なものと受け止められる可能性が高いことから、この原告らの対応には問題があったといえる。

(3) **未入籍幼稚園教諭妊娠等解雇事件** 大阪地裁堺支部平成14年3月13日判決

> **結論** 未入籍の女性教諭に対し、妊娠を責め、中絶を示唆するなどしたほか、転居届の不提出と併せてした退職強要及び解雇は無効であるとして、慰謝料を認める。

　本件は、未婚の幼稚園女性教諭（原告）が、切迫流産等の診断を受けて急遽入院し、園長（被告）にその旨報告したところ、軽率と責められ、暗に中絶を促されたため、医師から絶対安静の指示を受けていたにもかかわらず出勤し、その後再入院を余儀なくされたとして退職を迫られたものである。幼稚園を経営する学園（被告）は、原告が未入籍のまま妊娠したこと、住居を変更しながらこれを届けずに通勤手当を詐取したことは教育者として不適格であることを理由に解雇したところ、原告は解雇の無効確認と慰謝料の支払を請求した。

　判決では、原告が男性との同居を始めるに当たって、被告に住所変更を届け出ずに従前の通勤手当を受給したことは服務規律に反するが、未入籍のまま転居した旨報告すれば、園長から厳しい叱責や強い退職勧奨を受ける可能性があると判断したことについては、園長にも責任があり、原告の服務規律違反の程度は重大とはいえないと、原告側の事情に配慮した判断を示した。その上で、原告は、園長から軽率と非

難され、妊娠はこれからも機会がある等と暗に中絶を勧められ、これ
を拒否すると、無責任と非難されるなどして退職を促がされたもので
あり、このような園長の一連の発言により、原告は無理な出勤をして
流産という耐えがたい状態に陥ったにもかかわらず、園長は退職届の
提出を執拗に求め、結局解雇に至ったことは、妊娠を理由とする退職
の強要及び解雇であり、被告らは不法行為責任を免れないとの判断を
示した。(解雇の無効確認と慰謝料を認める)。

(4)　**鞄製造会社妊婦解雇事件**　東京地裁平成28年3月22日判決、東京高裁
　　平成28年11月24日判決

> **結論**　**妊娠中の女性が解雇されたのは、勤務態度の著しい不良を
> 理由とするものであるから、解雇は有効である。**

　鞄の製造等を業とする会社(被告・控訴人)の営業部門で平成23年
7月から勤務する女性従業員(原告・被控訴人)は、出荷する製品に
ついての検品や瑕疵製品の修理状況等を確認するため、検品部門と常
に接触していたところ、同部門の部長に対し「納期までに完納できなかっ
たらどう責任を取るのか」などと大声で怒鳴ったり、パート従業員ら
に対し「あんたのような仕事ができない人は相手にしない」などと怒
鳴ったりし、パート従業員の1人はこれに耐えかねて退職した。そこ
で社長は原告に対し、態度が改まらない場合は退職させる旨警告したが、
しばらくすると原告は従前通り怒鳴りつけるようになった。
　原告は、平成26年5月に妊娠が判明し、翌月社長はこれを認識した
ところ、原告が協調性に欠け、特に検品部門の従業員に対し、罵倒、
叱責を繰り返すことから、その是正について再三注意したにもかかわ
らず改善せず、事業遂行に支障を来すことになったとして、同年9月
30日に原告を解雇した。これに対し原告は、本件解雇は妊娠を理由と
するもので違法・無効であるとして、被告に対し、雇用契約上の権利

を有する地位にあることの確認と賃金の支払いを請求した。

　第1審では、被告が主張する原告の非違行為は、その事実の裏付けがなく、これをもって協調性や従業員としての適格性がないと評価することは相当でないとして、原告の請求を認容した。これに対し控訴審では、被控訴人の言動により退職者や退職寸前の者が出たり、周囲の従業員らも被控訴人の言葉遣い等の改善を求め、社長も態度が改善されなければ退職させると警告したにもかかわらず、被控訴人は態度を改めなかったとする控訴人主張の事実を認定し、被控訴人の態度は、職場環境を悪化させ、業務に支障を及ぼすものであること、控訴人は従業員20数名の小規模企業であり、配置換えは困難であることを挙げて、本件解雇は妊娠を理由とするものではなく、そのことを控訴人が証明したとして、男女雇用機会均等法9条4項ただし書により有効と判断した。

　本件は、妊娠中の女性が解雇されたという事実関係については争いがなく、争点は専らその解雇理由が、妊娠によるものか、原告（被控訴人）の勤務態度によるものかであったが、控訴審では、被控訴人の勤務態度が余りにもひどく、職場環境を悪化させ、事業遂行にも支障を来しているとして解雇を有効としている。なお被控訴人は、控訴審において、原則として妊娠・出産等の事由終了から1年以内に解雇等の不利益取扱いがされた場合は妊娠・出産を「契機として」されたと判断され、「契機として」解雇等の不利益取扱いがされた場合には原則としてこれらを「理由として」と判断されるとして、本件解雇の無効を主張した。この主張は、理学療法士妊娠・育児休業取得降格事件の最高裁判決（平成26年10月23日）（(4)4）の判断を引用したものと思われるが、本件においては通用しなかった。

(5)　測量会社妊婦退職事件　東京地裁立川支部平成29年1月31日判決

結論	妊娠した女性が、現場作業から外され、退職扱いとされたことは男女雇用機会均等法に違反するとして労働契約上の地位のほか、慰謝料も認められたが、会社の対応の悪質性は低いとして低額に抑えられた。

　本件測量会社（被告）に期間の定めなく雇用され、建物測量等の現場作業に従事していた女性社員（原告）は、平成21年1月に代表者Aに妊娠を報告したところ、現場作業は難しいとして、労働者派遣事業を営むC社への派遣登録を提案され、同年2月6日、原告はC社から派遣されて派遣先の業務に就いた。原告はAに対し、社会保険加入について催促したが、同年6月6日、Aから退職扱いなっている旨連絡を受けた。原告は離職票を請求したところ、退職理由を一身上の都合とする離職票等が送付され、原告は被告に対し、自主退職をしていない旨を伝え、同年9月6日に出産した。原告は被告に対し、労働契約上の権利を有することの確認と賃金の支払いを求めるとともに、妊娠を理由とする解雇は男女雇用機会均等法9条3項に違反する不法行為に当たるとして、慰謝料150万円を請求した。

　判決では、原告は、妊娠により現場の業務ができない旨の説明を受けた上で、C社への派遣登録を受け入れ、その後Aから退職扱いになっている旨の説明を受けるまで、社会保険関係以外の連絡がないことからすると、退職を受け入れたと考える余地があるとしながら、被告が退職合意があったと主張する時点まで、社会保険についての説明や、具体的な退職手続がなされていないと被告側の対応に問題があったと指摘している。また、C社において具体的な労働条件が決まる前から、原告の退職合意があったとされていることからすると、原告に自由な意思に基づく選択があったとは言い難いとして、原告の被告における労働契約上の権利を有する地位にあることを確認するとともに、退職

扱いとされた日以降の賃金の支払いを認めた。

　原告を退職扱いにした被告には不法行為が成立するが、被告が、原告が現場業務を続けられないと考えたことは不合理ではなく、原告も一定期間現場業務をしないことは了承していたこと、被告は、原告が被告とC社の双方に在籍している状態では、派遣先の選定・受入れに支障が出ることを考慮して退職扱いにしたと考えられること等に照らすと、被告には原告に一方的に不利益を課す意図ななかったと推認されるとして、被告に対し、慰謝料20万円の支払いを命じた。

(6) 鮪卸等会社出産後雇止事件　東京地裁平成30年7月5日判決

> **結論**　女性社員が、第1子妊娠後降格、出産後有期パート勤務とされ、第2子については産休を認めないと言われ、出産後パート勤務を雇止めされる。有期パート勤務への変更は、勤務の安定性、賞与が支給されないこと等による経済的不利益があり、勤務変更についての説明に虚偽があったとして解雇を無効とし、差額賃金及び慰謝料の支払いを命じる。

　鮪の卸等を業とする本件会社（被告会社）に勤務する女性社員（原告）は、7年余の派遣就労を経て、平成24年4月に被告会社と期間の定めのない嘱託社員契約を締結し、事務統括として勤務していた。

　原告は、平成24年11月に第1子を妊娠し、これを取締役（被告A）に報告したところ、後任の事務統括の補助を命じられた。原告は平成25年6月から産前休業に入り、育児休業を経て、平成26年4月に職場復帰した。原告は職場復帰に当たり、時短勤務を希望したが認められず、やむなく有期雇用のパート契約を結んだ。原告は、同年11月頃、第2子の妊娠を被告Aに報告し、産休及び育休の取得を希望したところ、被告Aはこれを認めない意向を示した上で、原告に退職の意思がないことを知りながら、平成27年3月末の定例会議で、原告は出産のため

同年5月20日をもって退職する旨発表した。原告は、同年5月、被告会社が産休、育休を認めないことについて雇用均等室に相談したところ、被告会社はパートタイマー就業規則に育休の規定を追加すること、原告を現行と同じ職務に復帰させること、被告Aが文書をもって原告に謝罪することなどを記載した報告書を同室に提出した。

　原告は、産休を認められないと知って体調を崩して入院し、同年7月21日に第2子を出産し、平成28年4月から従前どおりの条件で復職したが、課長から担当業務はない旨告げられ、被告会社からは同年8月19日をもってパート契約を更新しない旨の通知を受け、以後就労を拒否された。原告は、本件契約の不更新、事務統括からの降格、パート契約への変更は無効であること、妊娠・出産に当たっての被告らの対応は、男女雇用機会均等法、育児・介護休業法に違反し不法行為を構成することを主張して、被告会社に対し、雇用契約上の地位の確認と未払賃金の支払いを求めるとともに、降格による減額分の支払、年次有給休暇の確認及び慰謝料300万円の支払を請求した。

　判決では、育児・介護休業法23条の2について、時間短縮の申出及び時間短縮措置を理由とする解雇その他の不利益な取扱いは、労働者の合意がない限り無効であるとした上で、本件におけるパート契約への変更は、安定的稼働という観点からすると原告に相当な不利益を与えること、賞与の支給がなく事務統括から外れたことにより経済的にも相当な不利益が生じることを総合すると、原告に相当な不利益を与えることになるとの判断を示した。加えて、被告Aは、勤務時間を短縮するにはパート社員しかないと説明したが、嘱託社員のままでも可能であったこと、パート契約による不利益について十分な説明がなかったことなど、被告会社の対応に問題があったとして、本件パート契約の締結は育児・介護休業法23条の2の不利益取扱いに当たり無効であるとし、更に、原告に非違行為は認められず、被告会社の経営悪化も認められないとして、本件解雇を無効とした。

　判決では、更に、被告会社は原告に対し虚偽の説明をしてパート契約を締結させ、事務統括から降格させたこと、原告の第2子出産に際し、産休・育休を認めない旨伝え、多くの従業員の前で原告の退職を発表したことは、労働基準法65条に違反し、男女雇用機会均等法9条3項の不利益取扱いに当たり不法行為を構成するとして、被告会社に対し、事務統括手当月額1万円及び慰謝料50万円の支払を命じた。

3 妊娠した女性、産前産後休業の取得等に係る不利益取扱い

　休業、休暇の中で、女性だけを対象としたものの代表は産前産後休業であろう。産前産後休業制度は労働基準法制定時から存在したが、当時は産前産後とも休業期間は6週間（産後については5週間を経過して医師の許可があれば就労可能。言い換えれば産後5週間は就労禁止）であった。それが男女雇用機会均等法の制定と併せて改正された労働基準法により、産前休業6週間の原則は変わらないものの、多胎妊娠の場合は10週間に、産後休業も8週間（6週間は就労禁止）に拡大され、更に、平成9年の労働基準法改正により、多胎妊娠の場合の産前休業は14週間にまで拡大された。

　産前産後休業（産休）については、工場法からの1世紀余に及ぶ歴史があり、社会に定着していることから、その取得自体を認めないような事例はほとんど見当たらないが、それでも、妊娠を理由とする解雇・雇止め、産前産後休業取得を理由とする嫌がらせ等の事例は今日においても見られるところである。

⑴　私立高校女性教諭産休後隔離等事件　東京地裁平成4年6月11日判決、東京高裁平成5年11月12日判決

　結論　産休明けの女性教諭に対し、校長が2人目の出産を非難し

> 始末書を強要し、女性教諭がこれを拒否し続けたところ、
> 10年以上仕事を外すなどして最低評価を継続する。慰謝料
> 600万円（第1審は400万円）を認める。

　産前産後休業の取得を巡って、凄まじい闘争が繰り広げられた事件
である。

　本件は、私立高校（被告・控訴人）に勤務する女性教諭（原告・被
控訴人）が、約2年の間に2度の産前産後休業（いずれも3カ月弱）
を取得し、休業明けに出勤したところ、校長から「出産届の際腰の低
さが欠けていた」「公立学校の先生でも同じ学校で2度産休を取った
りしない」「冬のボーナスを他の人と同様に取りに来たことは良くな
い」などと叱責され、その後授業に復帰しても始末書の提出を執拗に
求められ、これを拒否すると、始末書の提出か退職かの選択を迫られた。
原告がそのいずれも拒否していたところ、授業、担任等の職務を外さ
れ、職員室の出入口近くに席を移され、更に別室に隔離され、それで
も退職を拒否し続けると、自宅研修と称して出勤を禁止された。原告
は労働組合の活動家でもあったことから、恐らく日頃から校長等との
関係は円滑とはいえなかったと思われるし、産休の届を提出する際にも、
いわゆる「可愛くない」態度を取ったのかも知れないが（校長の「腰
の低さが欠けていた」発言は、そのことを窺わせる）、こういう事件
に接すると、産前産後休業は労働基準法で保障された女性労働者の当
然の権利であることを、知識としてはともかく、心からは理解してい
ないのだろうと、暗澹たる気分にさせられる。特に、本件が教育現場
で発生していることは、次世代にも悪影響を与える可能性があり、深
刻といえる。

　第1審では、まず仕事外しについて「教師として労働契約を締結し
た原告に対し、長期間にわたって一切の仕事を与えず、しかも一定時
間に出勤して勤務時間中一定の場所にいることを命ずることは、原告

が供給すべき中心的な労務とは相容れないのであるから、特別な事情
がない限り、それ自体が原告に対し通常甘受すべき程度を超える著し
い精神的苦痛を与えるものとして違法である」との基本的考え方を示
している。そして、校長らが執拗に求めた始末書は懲戒処分以外に就
業規則上根拠がないこと、原告の勤務態度不良についても校長の言動
にこそ問題があり、しかもその大部分は教師の最も基本的な職務であ
る生徒の指導等教育に影響を及ぼす可能性のあるものが殆ど含まれて
いないことからすると、原告に教師としての適格性に欠けるものがあ
るとはいえないとし、また原告への仕事外しは、外形的に見て相当性
の範囲を逸脱しているだけでなく、主観的にも不当な動機・目的に基
づくものであって、違法と認めざるをえないとしている。更に原告を
隔離したことについては、組合活動の中心として活躍している原告に
対する嫌がらせ、他の職員に対する見せしめであって、不当労働行為
であるとともに、その行為の態様からして明らかに違法といわざるを
得ないと、校長らの対応を厳しく批判している。

　この学校では、組合活動を巡って、労使間だけでなく、組合員と非
組合員との間の対立もあったようで、その対立によって暴力沙汰にな
りかかった際にも、校長らは暴力を振るいかかった非組合員の教諭の
肩を持って、この事件を口実として原告を別室に隔離し、更に自宅研
修に追い込んでいるが、判決ではこれも不当労働行為と断じている。
原告は、産休明け以降、賞与を一切受けていないが、これも不当労働
行為に当たると判断しており、被告による原告への一連の措置は、原
告の名誉及び信用を著しく侵害するものであり、原告はこれによって
甚大な精神的苦痛を受けたとして、被告に対し慰謝料400万円の支払
を命じた。被告は控訴したが、控訴審でも同様の見解が示され、慰謝
料額が600万円に引き上げられた。

　本件は、産休の取得自体を妨害したというよりも、産休の取得を口
実に組合潰しを図ったという色彩が強く、女性労働事件の代表として

　取り上げることについては、些か躊躇を覚えないではないが、産休を
取得した女性職員に対し、ここまで凄まじいハラスメントを目の当た
りにすれば、他の女性職員も出産を躊躇しかねないし、仮に産休の取
得自体は妨害しないとしても、管理者に対しものを申しにくい雰囲気
が醸成される可能性も高く、結局女性の権利の侵害につながることな
る恐れが高いと思われる。

(2)　**各種学校等設置学校法人産休等取得賞与不支給事件**　東京地裁平
　　成10年3月25日判決、東京高裁平成13年4月17日判決、最高裁平成15年12
　　月4日判決、差戻審東京高裁平成平成18年4月19日判決

> **結論**　出勤率90％未満の者には賞与を支給しない条項の下、産前
> 産後休業及び育児時間を欠勤扱いすることは公序良俗に反
> し無効である。

　産前産後休業、育児休業など、法律で認められた休業を取得するこ
とは労働者の権利であり、労働者がこれらを請求した場合には、使用
者はこれを与えなければならないこととされているが、これらの休業
期間中の賃金の支払については法律で定めておらず、その扱いは労使
に委ねられている。本件は、休業期間中の賃金の支払そのものでは
ないが、産前産後休業等を取得したことにより出勤率を低く算定され、
賞与が支給されなかったことから、その取扱いを不当として争った事
件である。

　本件は、各種学校等を設置・経営する学校法人（被告）に事務職と
して勤務する女性職員（原告）が、就業規則に従って、産前6週間・
産後8週間の休業をし、その後子供が1歳になるまで朝夕合計1時間
15分の育児のための勤務時間短縮制度を利用していたところ、賞与額
の決定における出勤率の算定において、これらの期間・時間が欠勤扱
いとされ、そのため賞与が一切支給されなかったことから、原告がこ

の扱いを不当として、賞与及び慰謝料の支払いを請求したものである。被告では、賞与の支給要件として、対象期間の出勤率が90％以上という要件（90％条項）が定められていたことから、原告の出勤率が90％に満たないとして賞与の支給対象外となったものである。

　第1審では、まず母性保護の見地から、産前産後休業期間中及びその後30日間は解雇を禁止していること、男女雇用機会均等法は妊娠・出産、産前産後休業の取得を理由とする解雇を禁止していること、年次有給休暇の取得要件の出勤率の算定において産前産後休業は出勤したものとみなすとされていること（労働基準法39条7項）などを挙げ、産前産後休業を労働者の責めによる不就労と区別して不利益を被らないようにしていると、まずその意義について述べ、これを取得した女性が本人の責めによる不就労と同じ不利益を被らせることは、法が産前産後休業を保障した趣旨を没却するもので、公序良俗に反し無効であるとし、これは育児のための勤務時間短縮についても同様と判断している。

　判決では、本件90％条項の趣旨は、従業員の貢献度を評価し、高い出勤率を確保することであって、それ自体一応の経済的合理性を有していると認めたが、それは欠勤、遅刻、早退などによる出勤率の低下を防ぐことにあり、産前産後休業や育児時間のように法で保障されるものについては、これらと同視することはできず、本件90％条項を適用することにより法が保障する権利を損なう場合は、これを損なう限度でこの条項の合理性は認められないとしている。すなわち、90％条項の存在自体は必ずしも否定されるものではないが、産前産後休業、育児勤務時間短縮を取得した期間に対応する金額で賞与が発生しないという限度に止まっていれば甘受すべきとしながら、本件90％条項によって賞与の全額が支給されないことはその限度を超えていると判断したわけである。

　原告は、平成6年度末賞与の対象期間中に8週間の産後休業を取

り、更に平成7年度夏期賞与の支給対象期間中に育児時間を取ったため、いずれも90％条項により賞与が全く支給されなかったわけであるが、その不利益は甚大であって、ノーワークノーペイの原則により甘受すべき限度を超えていることから、このようなことが許容されれば、労働者は不利益を受けることを恐れて権利の行使を控え、更には出産を断念せざるを得ない事態が生ずることが考えられ、結局法が労働者に保障した権利の趣旨を没却することになるとしている。そして、90％条項中、出勤すべき日数に産前産後休業の日数を算入し、出勤した日数から産前産後休業の日数及び勤務時間短縮分を除外すると定めている部分は、労働基準法の趣旨に反し、公序良俗違反として無効であると判断している。ただ、判決では、90％条項自体を無効としているわけではなく、無効の部分を除外した賞与に関する根拠条項を有効と認め、被告に対して一定の範囲で賞与の支払いを命じた。これについては被告が控訴し、原告も棄却部分を不服として附帯控訴したが、控訴審では第1審と同様の考え方に立って、いずれの控訴も棄却した。

　上告審では、法は産前産後休業や育児時間の取得を有給とし、出勤扱いすべきことまで義務付けているわけではないから、その不就労期間については、労使間に特段の合意がない限り賃金請求権を有しておらず、これを出勤として扱うか否かは原則として労使に委ねられているとの基本的見解を示した。その上で、本件90％条項は、①賞与算定に当たり、単に労務が提供されなかった産前産後休業期間及び育児時間取得分に対応する賞与の減額にとどまらず、これらを取得した従業員に対し、これらの期間を全て欠勤日数に含めて算定した出勤率が90％未満の場合には一切賞与が支給されないものであり、②従業員の年間総収入額に占める賞与の比重が相当大きく、賞与が支給されないと経済的不利益は大きなものがある上、③90％という数値からみて、従業員が産前産後休業、育児時間を取得した条項制度の下では、産前産後休業や育児時間の行使に対する事実上の抑止力が相当強くなると

みられるとし、出勤すべき日数に産前産後休業の日数を算入し、出勤した日数に産前産後休業及び育児時間を含めないとしている部分は、労働者の権利を抑制し、法の趣旨を実質的に失わせることになるから、公序に反し無効と判示している。ただ、産前産後休業、育児時間についての90％条項部分が無効とされても、これらの部分は欠勤として減額の対象になるとして、原審において除外条項が公序に反する理由について具体的に示さないまま賞与の支払いを肯定した部分については法令違反があるとして、原審に差し戻した。

　差戻後の控訴審においては、本件90％条項のうち、出勤すべき日数に産前産後休業の日数を算入し、出勤した日数に産前産後休業の日数及び勤務時間短縮分を含めないとしている部分は公序良俗に反し無効であるが、その一部無効部分は、賞与支給条項の根拠条項の効力に影響を及ぼさないことは上告審判決のとおりとし、90％条項の一部が無効としても、産前産後休業日数及び勤務短縮部分は欠勤として減額の対象となるとの判断を示した。産前産後休業期間や勤務時間短縮時間については、法律上賃金請求権はなく、就業規則上も無給とされているから、賞与の支給に関してこの不就労期間を欠勤扱いとしても不合理とはいえないこと、賞与額の減収がそれほど大きくないことを考え併せると、除外条項を設けた就業規則の変更は合理的なものと認めたが、本件の場合、被告内において、原告が勤務時間短縮措置を受けた第一号で、その除外条項により賞与が減額されることが周知されなかった信義則違反があるとして、賞与の減額は許されないと判断した。

　要は、産前産後休業や勤務時間短縮の時間を、賞与の算定に当たって、遅刻や早退など自らの責任による不就労と同視して90％条項を適用することは、法律で定められた権利を抑圧するから許されないとする一方、これらの間は就業規則上無給とされているから、出勤と同じ扱いをすることまで求められているものではなく、産前産後休業や短縮時間に見合った賞与の減額は許されるとしたわけである。

　本件は、地裁、高裁、最高裁、差戻後の高裁と、都合4つの判決が示され、提訴から判決確定まで11年も要している。被告では、元々生理休暇、結婚休暇、忌引き休暇、配偶者出産休暇、産前産後休業が特別休暇として定められ、このうち産前産後休業だけが無給と定められており、90％条項も存在していたが、その具体的な運用についてはその都度「回覧文書」によって職員に周知されていたものである。原告は、産前産後休業、勤務時間短縮を取得していたところ、回覧文書によって、これらが欠勤日数に算入され、90％条項により賞与が支給されなくなることを知らされたわけである。したがって、本件90％条項は、その内容もさることながら、職員に対する賞与の支給の可否という極めて重要な労働条件の周知を、「回覧文書」という一般的には軽便といえる方法によって行ったことについても非常に問題があったということができ、原告としては騙し討ちに遭ったような気分になったものと推認される。

　なお、判決では「産前産後休業」と一括りにして述べているが、産前と産後では休業の意味が異なっている。すなわち、産前休業は本人の申出に基づく不就労であるから、休暇と同様な扱いとすることに合理性が認められるが、産後休業については、本人の意思に基づく不就労ではなく、法に基づく就業禁止であるから、産後8週間（医師による許可があれば6週間まで短縮可能）については、そもそも賞与の算定に当たって欠勤扱いとすることは、欠勤を防ぎ出勤率を向上させようという本件90％条項の趣旨からしても、全く合理性のないものと言わざるを得ない。

(3)　医療生協看護師妊娠・出産降格等事件　名古屋地裁平成20年2月20日判決

結論　看護師の妊娠・出産を契機にした師長からの降格、育児休

業明け正職員復帰後における深夜勤務を含む異動命令、育児・介護休業法に基づく深夜業制限請求の拒否、自宅待機命令は、いずれも不法行為には該当しない。

　被告の経営する本件病院の師長に昇格した女性看護師（原告）は、師長昇格に先立って、被告に対し、妊娠・出産の予定はない旨申告していたが、師長昇格直後に妊娠し、長距離通勤も重なって平成8年4月に病気休職をした。原告は、同年6月から産前産後休業及び育児休業を取得したところ、産休中に師長を解任され、復職に当たっては平職員とされ、役職手当と調整給が不支給となった。

　原告は、平成10年4月から、自ら申し出て、一旦退職の上パート看護師として勤務し、平成12年8月には正職員に戻ったところ、平成13年10月以降、本件病棟勤務を命じられた（本件異動命令）。原告は、同勤務は夜勤が多いため、育児・介護休業法に基づき、深夜勤務制限請求書を提出したが、被告はこれを認めず、有給の自宅待機を命じた。

　原告は、平成14年4月から元の病棟に職場復帰したが、師長解任、本件異動命令、深夜勤務制限請求拒否、自宅待機命令などが債務不履行又は不法行為に当たるとして、被告に対し、慰謝料500万円及び師長解任による減給分500万円の支払い等を請求した。

　判決では、師長解任及びパートへの変更については、旧育児休業法は育休取得を理由とする解雇のみを禁止していること、師長解任が直ちに育休取得を理由とするとは認めるに足りず、労働者の権利を保障した法の趣旨を実質的に失わせるとも認め難いこと、原告が師長就任直後に妊娠、病休して1年以上職場を離れたこと、師長のポストは限られていること等に照らし、原告を師長に復帰させなかったことが裁量権の逸脱とは認められないとして、原告の請求を棄却した。また、本件異動命令について、病棟増設のため、原告のような経験豊富で能力もある看護師を配置する必要があったこと等に照らすと、被告には

本件異動命令の必要性があったと認められ、仮に原告が3交代勤務が困難であったとしても、ある程度の調整ができることからすれば、本件異動命令が権利の濫用に当たるとはいえないと、この点でも原告の主張を斥けた。更に、本件自宅待機命令は、職場の人間関係が険悪になるなどして職場が混乱することから発令されたもので、原告の深夜業制限の請求を理由としたものとは認め難いこと、賃金を支払っていることから、直ちに不利益な取扱いとはいい難いと、この点でも原告の主張を斥けた。

　育児・介護休業法19条では、小学校就学の始期に達するまでの子を養育する労働者は、原則として深夜業の免除を受けられるとしており、原告はこれに該当するが、被告が原告の請求を拒否したのは、同条1項ただし書にいう「事業の正常な運営を妨げる場合」に該当するとしたのか、原告の夫が大学院生であることから、同項2号の「常態として当該子を保育することができる同居の家族がいる場合」に該当するとしたか不明だが、いずれにせよ原告の深夜業制限請求を斥けており、結局、原告の請求は全て棄却された。

(4)　洋酒輸入等会社出産退職強要事件　東京地裁平成27年3月13日判決

結論	育児休業取得を申し出た女性に対し、出産翌日に退職扱いの意向を示し、復職予定日以降就労させなかったことは違法であり、不法行為に該当するとして、会社に対し賃金及び慰謝料の支払いを命じる。

　洋酒の輸入等を営む本件会社（被告）に雇用される女性社員（原告）は、平成23年10月被告に妊娠を報告し、その後産前産後休業及び育児休業の取得を伝えたところ、被告代表者はこれを承諾したものの、戻った際に同じ仕事はできない可能性がある旨を伝えた。原告は、子供が1歳になったときに復職したい旨伝え、1年間の育休の取得を申し出、

その後2日間の年休及び産休の取得を申請して平成24年6月17日に出産した。

　出産翌日、原告は、被告の退職扱いの意向を把握したため、繰り返しその撤回を求めた。同年6月30日、被告から同年5月15日付けで退職扱いとする旨の通知と退職金が送付された原告は、雇用均等室のアドバイスを踏まえて、被告に対し退職扱いの取消しを求めたところ、出産したら退職となり、産後に復職したかったら再度面接する旨説明を受けたが、その後、退職扱いではなく産休・育休のままにし、職場復帰予定日を平成25年6月17日とする旨の通知を受けた。

　原告は、同年4月1日、被告に対し就労証明書の発行を求めたところ、退職した方が良いとの連絡を受けたことから、専務に対し、会社都合による離職票を求め、88万円を請求したところ「辞めた後の補充は終わっており、それでも話を聞きたければ来れば」との代表者の言葉のメールを受けた。原告は、退職勧奨には応ずるものの、労働局にあっせんを申請したが打ち切られたため、被告に対し、育休明け以降の賃金及び慰謝料等を請求した。判決では、次のように述べて、被告に対し、育休明けから退職までの賃金と慰謝料の支払い命じた。

　原告が育休を取得している以上、復職予定日に復職するのは当然であり、また育児・介護休業法4条、22条に照らせば、被告は、育休後の就業が円滑に行われるよう必要な措置を講ずるように努める責務を負うと解されるところ、平成25年4月以降の被告の対応は、原告の復職を拒否し、又は解雇しようとしているとの認識を原告に抱かせてもやむを得ないものであり、他方で、原告は専務宛てのメールにおいて被告の行為が実質的に解雇に当たる旨を明記しているから、被告としても、原告が被告の一連の対応について上記のような認識を有していることを把握することは可能であったといえる。以上によれば、原告に復職予定日である平成25年6月17日から8月31日（退職日）までの間において、原告が労務を提供しなかったことについては、民法536

条2項により、原告は上記期間についての被告に対する賃金請求権を失わない。

　被告が、平成24年6月に、産休中の原告を退職扱いにして退職通知をした行為は、労基法19条1項及び育児・介護休業法10条に違反する行為と評価でき、被告が原告の出産予定日を認識しながら、代表者は退職扱いを再度指示し、更に退職通知及び退職金まで送付していることの事情を総合すれば、これらの行為は不法行為を構成すると認められる。原告が退職扱いの告知を受けたのが出産の翌日であったこと、当該退職扱いは原告にとって全く予想外であったこと、原告が退職扱いの取消しを求めていたにもかかわらず、被告は本件退職通知を退職金とともに送付していること、他方、被告が本件退職通知を送付した数日後に原告の退職扱いを取り消していることなどの事情を総合すれば、慰謝料は15万円が相当である

(5)　医療法人社団介護職員妊娠等嫌がらせ事件　札幌地裁平成27年4月17日判決

> **結論**　女性介護指導員が、理事との食事会等を断ったところ、入浴介助等の業務に配転させられ、妊娠を伝えたところ心無い言葉をかけられ、業務についての配慮もされない中、切迫流産をしたことにつき、仕事の与え方、妊娠後の上司の発言は嫌がらせに当たるとして、慰謝料を認める。

　病院等を経営する法人（被告法人）に勤務する女性介護指導員（原告）は、病棟の瓶等の洗浄、老人保健施設の一般入浴介助等を命じられた後、介護施設の看護部事務に異動になった頃に妊娠し、これを女性師長（被告B）に報告したところ、心無い言葉を掛けられた上、特浴の入浴介助を1人で行うよう命じられ、切迫流産をし、3週間の自宅療養となった。

　原告は、男性理事（被告A）からは、性的関心から頻繁な食事会や

高価な贈り物などで意のままにしようとされ、そうならないと知るや、一転して様々な苛めを受け、介護職員の職務とは逸脱した仕事を強要された挙げ句、特浴の入浴介助を命じられるなどしたこと、被告Bからは被告Aの指示の下、過酷な労働に従事させられ、妊娠を報告したところ「想像妊娠ではないか」「中絶も認められる」などと言われ、特浴の入浴介助を命じられて切迫流産による休職に追い込まれたこと、被告法人はこれらを漫然と放置したことを理由として、被告らに対し、慰謝料等1100万円を請求した。

　本件では、当初原告と被告A及び被告Bとの関係は悪くなく、3人で頻繁に食事会をしたり、被告Aは原告に対し高価な贈り物をしたりしていたが、原告が、被告Aの卑猥な言動等に嫌気がさして食事会を断るようになってから、意に反する配置転換や嫌がらせ発言などが行われるようになったという経緯がある。

　判決では、瓶の洗浄等の労働は、それまで1人に集中して命じられたことがないことから、嫌がらせと受け止められてもやむを得ないものであったこと、原告が妊娠を報告した際の被告Bの言動は著しく不適切であり、その後被告Aが特浴の入浴介助を原告1人に命じたことは配慮に欠けるものであったことを総合すると、瓶の洗浄を命じた以降の被告らの原告に対する言動は違法な嫌がらせであり、被告法人には職場環境配慮義務違反があったとして、被告らに対し、慰謝料等77万円の支払を命じた。

　本件は、食事会での被告Aによる卑猥な言動、食事会を拒否した原告に対する不当な配転、妊娠の報告を受けた後の被告Bによる心無い発言及び過重な労働を命じて切迫流産・自宅療養に追い込んだことと、セクハラ、パワハラ及びマタハラの揃い踏みとでも言いたい事例といえる。

⑹　**介護サービス会社妊娠・勤務時間短縮等事件**　福岡地裁小倉支部平
成28年4月19日判決

> **結論**　妊娠を告げた女性職員に対し、上司が「妊婦として扱う
> つもりはない」などと伝えたことは不法行為に該当する
> が、勤務時間を半分程度に短縮したことは、これまでの経緯、
> 女性職員自身が労働時間の軽減を求めていることからする
> と違法とはいえない。

　介護サービスを営む会社（被会会社）に有期雇用されていた女性職
員（原告）が、平成25年8月、営業所の女性所長（被告A）に妊娠を
告げたところ、担当業務のうち何ができないかを確認するよう指示
された。原告は同年9月の面談で業務軽減を求めたところ、被告Aは、
妊娠以前から原告には勤務態度に問題があったとして「妊婦として扱
うつもりはない」「万が一何かあっても自分は働くという覚悟がある
のか。働く以上、そのリスクが伴う」などと言い、できる業務とでき
ない業務について申告するよう指示した。同年12月、原告は本部長及
び統括と面談して再度業務軽減を求め、それ以降、勤務時間は、1日
8～10時間から1日4時間程度とされた。原告は、平成26年2月に出
産し、同年8月まで産休及び育休を取得したが、勤務時間半減による
給与の激減、被告Aの業務軽減懈怠、母性健康保護に反する対応等に
より、良好な職場環境で働く権利を侵害されたとして、被告らに対し
慰謝料500万円等を請求した。

　判決では、9月面談における被告Aの言動の趣旨は、妊娠によりで
きない業務があることはやむを得ないとしても、できる範囲で創意工
夫する必要があるという指導をすることであり、従前の原告の勤務態
度からみて、その目的に違法性があるとはいえないとしたものの、妊
娠を理由とした業務の軽減申出は許されないとか、流産しても構わな
いという覚悟をもって働くべきと受け止められる発言をするなどして

おり、妊産婦労働者の人格権を害すると、被告Aの言い方を問題としている。その上で、被告会社が、原告の体調に配慮して1日4時間程度の勤務としたこと、以前にも原告の勤務時間が4〜5時間程度のことがたびたびあり、1日4時間勤務が必ずしも異常な措置とはいえないこと、原告自身が労働時間の軽減を求めていることからすると、4時間勤務としたことは違法とはいえないと、勤務時間短縮についての原告の請求を斥けている。

結論としては、9月面談における被告Aの発言が原告に与えた苦痛は相当なものであるが、嫌がらせの目的があったとは認められず、殊更に原告に負担を負わせたなどの事情も認められないとして、被告会社及び被告Aに35万円の慰謝料の支払いを命じた。

(7) 歯科衛生士産後休業中退職強要事件　東京地裁平成29年12月22日判決

> **結論**　産休中に、1年後の職場復帰を伝え、理事長はこれを了承したにもかかわらず、その後退職を強要したことは、妊娠、産休、育休の取得などを理由とする「不利益取扱い」に当たるとして、退職扱いの無効と賃金及び慰謝料の支払いを認める。

歯科クリニックを開設する医療法人（被告）に雇用される女性歯科衛生士（原告）は、平成27年夏、被告に対し妊娠を伝え、同年9月20日に年休・産前休業に入り、同年11月29日に出産して産後休業に入った。原告は、平成28年1月22日、被告理事長に対し、1年後に職場復帰する旨伝え、理事長はこれを了承した。ところが、その直後被告は原告に対し退職を求めたものの、原告は退職届を提出しなかったところ、被告は原告が産前休業の前から退職の意思を表明していたと主張し、同年1月24日に原告が退職したとして取り扱ったため、原告は被告に

対し、労働契約上の権利を有することの確認、賃金及び賞与並びに慰謝料等330万円の支払を請求した。

　判決では、まず、男女雇用機会均等法9条3項及び育児・介護休業法10条は、妊娠、産前・産後の休業、育児休業の取得などを理由とする解雇その他の不利益な取扱いを禁じており、この「不利益取扱い」には退職の強要が含まれ、労働者の真意に基づかない退職勧奨は退職の強要に該当するとの基本的見解を示した。その上で、①原告は、被告に対し、産休等取得後、繰り返し出産や育児休業の手続等に関する資料を求めていたこと、②同僚らの間では原告が育児休業を取ることが知れわたっていたこと、③同僚が理事長から原告の退職を聞いて、誤解である旨指摘したところ強く叱責されたこと、④原告は一貫して復職を明言していることなどが認められることから、原告には退職の意思はなかったとして、原告の労働契約上の地位の確認を認めると共に、被告に対し、慰謝料200万円、賞与の不支給分22万円余等の支払を命じた。

　原告は、異例の早さで昇給するなど、被告から高い評価を得ていたが、被告は、①原告が1年は育児に専念するとし、早期職場復帰要望を断っていたこと、②被告は原告の産休開始後、新たな歯科衛生士を採用したこと、③理事長は産休取得者は賞与を請求しないと考えていたところ、原告から平成27年冬季賞与の不支給について説明を求められて意外に感じたこと等からすると、原告の冬季賞与の請求に不快感を抱き、また、長期間の育児休業により人員不足になることを懸念して、新たな職員を採用し、その結果余剰となった原告の退職を求めたものと推測される。

4　育児休業等を理由とする不利益取扱い

　平成3年に育児休業法が施行され、平成9年にはこれに介護休業が加わって、育児・介護休業法が施行された。このうち育児休業法については施行後既に30年以上が経過し、その間何回かの改正を経て、対象範囲を拡げたり、使いやすくしたりする工夫がなされてきた。育児

休業の場合は、産前産後休業よりも長期にわたることが多く、それだけに、企業としては、代替要員の確保、休業期間中の労働者の能力の維持・向上などについて、かなり気を配っているものと思われる。

　我が国の場合、女性の年齢別労働力率をとってみると、いわゆる「M字型カーブ」が描けることは広く知られているところである。つまり、女性の労働力率は、20代と40代半ばに山ができ、30代には凹む「M」に似た形となっていて、その凹む主な理由は結婚や子育てとされている。女性のライフスタイルとして、以前は、学校を卒業したらまず就職して、結婚や出産を機に一旦退職して育児・家事に専念し、子供に手がかからなくなった頃に、今度はパートタイマーなどで職場復帰することが一般的であったといえる。もっとも、近年では、30代の女性の労働力率が高まり、M字のボトムは年々上がってきており、欧米で見られる台形型に近付きつつあるといえる。

⑴　**財団法人附属機関育児休業請求雇止事件**　東京地裁平成15年10月31日判決、東京高裁平成17年1月26日判決

> **結論**　1年契約の有期雇用女性の育児休業を理由とする雇止めにつき、継続雇用の期待には合理性があるとして無効とする。

　本件は、被告に1年契約で雇用されていた英国人女性（原告）が、第3子の出産で初めて育児休業を請求したところ、雇用契約が1年の有期契約であることを理由に育児休業を認められず、結局期間満了をもって雇止めとされた事件である。

　第1審では、契約更新の実態からみて、本件労働契約は事実上期間の定めのない契約であって、原告は育児休業法にいう「労働者」に当たるとした上で、本件雇止めは客観的合理的理由がないから、権利の濫用として無効になると判断した。被告は、契約期間満了までの間は出社しなくても給与を支払う旨原告に申し出ており、その特別休暇の

提案は実質的には育児休業の付与と評価できると主張したが、判決は、育児休業は法定事由がない限り拒否できないところ、本件はその事由に該当しないこと、雇用保険の育児休業給付相当額が支給されないことなど、育児休業の取得を理由とした不利益取扱いを受けることになることなどから違法であると判断し、しかも、原告が無理して出勤しても仕事はほとんど与えられず、机もパソコンもない状態であったが、一方被告も原告の退職に伴う填補を含んだ和解案を提案するなど一定の努力をしたことも配慮して、被告に対し慰謝料50万円の支払を命じた。一方控訴審では、本件労働契約は実質的にも有期契約であると、その点では第1審と異なる見解を示しながら、被控訴人・附帯控訴人（原告）の継続雇用の期待には合理性があったとして、結論としては第1審と同一の判断を示した。

(2)　工業組合育児休業取得降格等事件　大阪地裁平成22年5月21日判決

> **結論**　育児休業を取得した女性事務局長代理の降格、配転につき、休暇取得が際立って多いこと、重要な仕事の際に欠勤することなどの問題はあるが、降格は人事権の濫用に当たり無効とする。ただ、配転は業務上の必要性があること、不当な動機に基づくものではないこと等により有効とする。

　育児休業の請求がなされた場合、これを拒否すれば法律違反となることから、一応これを認めて育児休業を取得させながら、職場復帰してから、人事考課上の評価を低くしたり、降格したり、望まない配置転換をしたりすることがあり得る。こうした場合、周囲の従業員に対しても「見せしめ効果」が発生し、育児休業取得について抑制力が働く可能性があるが、本件はその一例といえる。

　本件は、工業組合（被告）に勤務する2人の女性職員（原告A、B））が、いずれも複数の子（Aが2人、Bが3人）を出産し、育児休業の

取得に絡んで降格されるなどしたことから、これを違法としてその降格・配転の無効を主張するとともに、慰謝料を請求したものである。原告Aは事務局長代理の地位にあったが、出産後、賞与の算定期間中に、年次有給休暇を40日（2年分）、看護休暇を10日（2年分）の外、自己都合による代休、欠勤等があったほか、大事な総代会、理事会の日に欠席や遅刻があったとして賞与の減額を受け、その後も低い査定を受けた。更に原告Aは、大事な会議に欠席するなど管理職として不適格であるとして、事務局長代理から経理主任に降格され、更に自動車運転の業務を担当していた職員の体調が悪いことから、自動車の運転ができ、かつ組合員に顔が広いとして運転業務を行う資材主任に配転され、経理主任の後任として原告Bを就ける人事が行われた。これについて、原告らは年次有給休暇の取得を理由として賃金を減額することは不当であるとして賃金の差額を請求するとともに、賞与減額、役職降格、賃金減額、不当配転という不利益を受けたのは、原告らが育児をしながら働き続けることを被告が嫌悪し、その報復としてなされたものであるなどと主張し、降格及び配転の無効確認と慰謝料各100万円の支払を請求した。

　本件は、原告らの賞与額の算定、運転手当の支給の可否等幾つかの論点があるが、中心的な争点である降格の可否については、その権限行使については使用者に広汎な裁量権があるとの原則を踏まえた上で、人事権の濫用の有無について検討している。

　すなわち、原告Aについては、総代会への欠席など事務局長代理としての職責を十分に果たしたとはいい難いが、一方、年次有給休暇の取得が事務局長代理としての業務に支障を来したとは必ずしも認められないとして、原告Aを事務局長代理から降格したことは人事権の濫用に当たり無効と判断した。ただ、本件配転は、長期欠勤者が出る中で行われたもので職務上の必要性が認められること、不当な動機に基づくとは認められないこと、原告らに通常甘受すべき程度を著しく超

える不利益を与えるとは認め難いことを挙げて、不当とはいえないと判断している。

(3)　ゲームソフト開発会社育児休業後降格等事件　東京地裁平成23年3月17日判決、東京高裁平成23年12月27日判決

> **結論**　女性社員の育児休業後の降格につき、第1審では担務変更による業務上の必要性があるとして有効としたが、控訴審では、担務変更は認められるが、それが降格、減給と連動する規定はないとして、一部差額賃金を認める。

　産前産後休業、育児休業を取得した後、育児短時間勤務者として復帰した女性社員（原告）が、低いグレードの職務に担務変更され、それに伴って年俸を引き下げられたことから、これを不服として提訴した事件である。

　原告は、サッカーゲームの開発を担当し、産休前は海外サッカーライセンス業務に従事していたが、育児休業明けに国内ライセンス業務に担務を変更された。この担務変更に伴って、役割グレードが「B—1」（マネジメント職候補であるBランクの1番下）から「A－9」（一般職であるAランクの上から2番目）に引き下げられ、年俸報酬もこれに応じて引き下げられたことから、原告はこれらの措置が無効であるとして、会社（被告）に対し、産休前の賃金との差額、慰謝料3000万円及び弁護士費用300万円の支払い、謝罪等を請求した。これに対し、被告側は、海外ライセンス業務の大変さを考慮して、育児との両立をしやすい業務に担当を変更したもので、役割グレード及び年俸報酬の引下げはそれに伴うものであって違法性はないと主張して全面的に争った。

　第1審では、ほぼ原告の敗訴となった。原告は産休前は海外サッカーライセンス業務に従事していたが、産休と同時にこの業務が上司のマネージャーに引き継がれた。原告は、産休、育休合わせて約9カ月間業務

から離れていたが、海外サッカーライセンス業務は海外に相手方がいるわけで、被告はそれまでその相手方から頻繁な担当者の変更に対してクレームを付けられていた経緯があることから、被告としては僅か9カ月で再び担当を代えることを避けたかった事情もあったようであるし、原告が育児のために短時間勤務を選択したことも、これでは深夜にも及ぶような海外サッカーライセンス業務を任せるわけにはいかないなどと判断する要因となり、担務変更に至ったものと推認される。

　第1審では、本件担務変更は、育児・介護休業法10条に定める不利益取扱い禁止、同法22条に定める必要な措置を講じるよう努める義務、男女雇用機会均等法9条3項に定める不利益取扱いの禁止との抵触の有無も考慮しなければならないと指摘し、その上で、本件担務変更は育児休業等の取得を理由としてされたものとは認められないこと、育児・介護休業法22条に基づく指針では、原則として原職又は原職相当職に復帰させるよう配慮することとされているものの、同条は努力義務であり、原職又は原職相当職に復帰させなければ直ちに同条違反になるとは解されないこと、本件担務変更の背景、内容等に照らすと、男女雇用機会均等法9条3項に定める不利益取扱いにも当たらないこととして、これらの点についての原告の請求を斥けている。

　役割グレード及び年俸減額措置については、被告は成果主義を取り入れた人事・報酬制度を採用しており、それを不合理とする特段の事情は認められないところ、原告は「B−1」の中で優等なものであったとは認め難く、「B−1」と「A−9」との間にはそれほどの隔たりがあるわけではないから「B−1」から「A−9」への引下げ措置は不合理とはいえないこと、年俸のうち役割報酬は役割グレード（地位）と連動しているから、地位が変更されればそれに応じて変更されることは当然であることとして、この点でも原告の請求を斥けた。一方、本件の役割グレードの引下げは、原告にとって不利益ではあるものの、能力の低下等原告に帰責事由のあるものではないから、そのこと自体

合理的ではあるものの、その緩和のための配慮をすることが相当とした上で、緩和措置として設けられている調整報酬20万円を加味すれば、減額される年収は30万円であって人事権の濫用には当たらないとして、この点でも原告の請求を斥けている。

　ただ、原告の請求のうち1点だけ認められたことがある。原告は産休・育休を取得した年度において見るべき成果がないこと、繁忙期には産休により稼働していないことを理由として成果報酬はゼロと査定されたが、原告は7月に産休に入るまでの3カ月余の間に一定の実績を上げており、これが看過されていることは成果報酬査定に係る裁量権を濫用したものであるとして、被告に対し慰謝料等35万円の支払を命じた。

　本件では、原告は被告の一連の措置について、憲法から始まって、民法、労働基準法、育児・介護休業法、男女雇用機会均等法、更には女性差別撤廃条約にも違反するとの論陣を張っているが、全て斥けられている。原告の請求額は3000万円を超えているのに、獲得した賠償額はその約1％に過ぎないこと、担務変更、役割グレードと年俸の引下げといった主要な主張はことごとく斥けられていることからみて、原告側の敗訴と評価できる。

　本件は原告が控訴したところ、控訴審では、第1審と共通の部分もあるが、かなり控訴人（原告）側に立った判断をしている。すなわち、職務復帰後における控訴人の役割グレードを「B－1」から「A－9」に引き下げた点について、第1審では両者の間にそれほどの隔たりがないというのに対し、控訴審では、Aクラスはまだ専門職でもないのに、Bクラスはマネジメント職候補とされ、Aクラスとは質的な違いがあることから、Bクラスの者をAクラスに変更することは、マネジメント職候補としてのポジションを喪失させるという不利益を生じさせ、許されないとして、合理性のない降格と判断している。すなわち、BクラスからAクラスへの移行は、単なる給与額の問題ではなく「格」の問題であって、実以上に名を重視した判断を示したといえる。加え

て、被控訴人（被告）では、「報酬グレード」を「役割グレード」に
連動させる運用をしていたところ、年俸規程ではその連動についての
条項は存在せず、しかもその運用について控訴人に説明した証拠もな
いことから、労働条件の中で最も重要な賃金の額の引下げを使用者の
一方的な判断で行うことは人事権の濫用に当たり許されないとの判断
を示した。この点について、第1審では役割グレードと報酬額との連
動は当然という立場に立っているが、控訴審では規程の有無等を厳格
に判断したといえる。もちろん、そのことは、社員の担当職務を変更
することができないことにはならず、控訴人が育児休業明けに職場復
帰した際、従前の海外サッカーライセンス業務から国内ライセンス業
務に担務を変更したことを違法・無効としているわけではない。た
だ、控訴人が職場復帰後に就いた国内ライセンス業務の前任者が、元々
「B－1」であったことからみて、国内ライセンス業務に就いた控訴人
のグレードを従前の「B－1」に据え置くことは可能であったとして、
被控訴人の主張を斥けている。

　被告は、年功序列制を排して職務等級制を採用しているとされてい
るが、本来の職務等級制であれば、控訴人が育休明けに就いた国内業
務についてのグレードは、前任者と同じでなければならないはずであ
る。それにも拘わらず、前任者は「B—1」でありながら、控訴人を「A
－9」に引き下げたことは、職務等級制の不徹底さを示すものといえる。
もちろん、職務等級制を原則としながら、属人的要素を加味すること
自体は必ずしも不当とはいえないとしても、もし被告が、職務等級制
を基本としつつ属人的要素も加味してグレードを決定するという方針
の下で原告のグレードを「A－9」に引き下げたのであれば、その引
下げについての合理的理由（原告の評価等）を具体的に示す必要があっ
たと考えられる。しかしながら、本件において被控訴人はそうした降
格についての具体的な理由を明示していない。

　また、被控訴人での成果報酬は、前年度の勤務実績を前提として、

翌年度に期待することのできる業務実績を金銭評価して支給するものであり、いわゆる期待を込めた見込み収入の一種であることから、産休前の3カ月余（4月〜7月途中）の成果をゼロとすることは不合理であるとして、この点では第1審と同様の見解を示している。控訴審ではこの点について、更に職場復帰後何らかの成果を上げられる見込みが高いのに、その年度の成果報酬をゼロとするのは余りにも硬直的な取扱いであり、「育児・介護指針」において「休日の日数を超えて働かなかったとして取り扱うことは、給与の不利益な算定に該当する」とされている趣旨に照らしても、育児休業を理由とする不利益取扱いに帰着し、人事権の濫用に当たると厳しく批判している。

　控訴人は、本件の一連の措置が、育児休業等を取得して復職した女性であること、子を持つ女性であることのみを理由とした差別であることを主張していたが、この点については、控訴審でも、控訴人の復職に当たって海外サッカーライセンス業務から国内業務に変更したこと、裁量労働制の適用を排除したことにはいずれも合理的な理由が認められるとして、控訴人の主張を斥けている。

　控訴審判決を要約すれば、控訴人の復職に当たって、被控訴人が従前の海外ライセンス業務から国内業務に担務を変更したことは、産休・育休の取得等を理由とした差別的取扱いには当たらないが、担務が変更されたからといって、役割グレードを引き下げることは許されないこと、規程の根拠もなく、また本人の同意もないのに、役割グレードの引下げに連動して報酬を引き下げることは人事権の濫用に当たり許されないこと、産休前3カ月余の成果をゼロと評価して復帰後の成果報酬を支払わなかったことは、人事権の濫用として許されないことということになろう。

　本件では、職務等級制が厳格に運用され、役割グレードと報酬が連動することが規程上明確にされていれば、恐らく被控訴人側が勝訴したものと思われるし、そもそも訴訟になったかどうかも疑問である。

控訴人は、妊娠中も海外出張などを積極的にこなし、復職の時期についても早期を予定していたところ、上司の示唆もあって2カ月遅らせたこと、復職に際してはフルタイムのベビーシッターを確保してなるべく業務に支障を来さないよう最大限の努力をする旨被控訴人に伝えていたことが認められ、子供ができた後においても、従来どおりバリバリ仕事する姿勢を示していたことが窺えるから、育児短時間勤務の取得も被控訴人側の働き掛けによるもので、そうしたことが控訴人の退職の伏線になっていた可能性もある。そう考えると、控訴人が被控訴人に対し、慰謝料3000万円という、相場とはかけ離れた金額を請求し、かつ判決が出る前に退職した理由が理解できるような気がする。

　いずれにせよ、育児休業は、通常、数カ月から1年を超えるようなブランクもたらすものであるから、職場復帰に当たっては使用者と労働者が十分話し合って、できるだけ納得ずくで行うことが望まれる。今後、女性は益々各方面で重要な職務を担うようになってくるものと思われるが、そうなればなるほど、育休後の職場復帰において問題が発生する可能性がある。例えば1年間の育児休業を取得した場合、その者の責任が重ければ重い程、アルバイトや派遣社員で代替することは困難となり、そのポストに相応しい者を後任として据える必要が生じてくるが、そうした場合、育休明けの者が復職したからといって、直ちに元の職場に戻すわけにはいかない場合が生じると考えられる。現に本件では、海外の顧客の意向も勘案して、頻繁な担当者の変更を避けようとする被告の意図が働いたわけで、このことは必ずしも不合理な判断とはいえないであろう。育児休業後、従前より低いグレードに格付されたというと、即男女雇用機会均等法や育児・介護休業法に違反すると考えがちであるし、確かに多くの場合はそれが当てはまるが、重要なポストにある女性が（男性も）育児休業等比較的長期間の休業をした場合、必ずしも単純にそうとは言い切れない面もある。また、ポストのグレードを下げながら給与だけは従前どおりとなると、同一

労働・同一賃金の観点から新たな不合理を生み出しかねない。本件は、重要な職務を担っていた女性が産休、育休等を取得した場合の使用者側の対応について、重要な問題提起を行った事例といえる。

(4) 副主任理学療法士妊娠・育児休業取得等降格事件　広島地裁平成24年2月23日判決、広島高裁平成24年7月19日、最高裁平成26年10月23日判決、広島高裁平成27年11月17日判決

結論　妊娠中の女性に対する降格を伴う軽易業務への転換は、原則として男女雇用機会均等法に違反するが、労働者が真に自由な意思に基づいて降格を承諾したと認められるとき、又は労働者を降格させずに軽易業務へ転換をさせることに業務上支障があり、法の目的に反しないと認められる特段の事情が存在するときは、違法とはならない。本件降格を伴う配転には、本人の真の同意があったとは認められず、降格を伴う配転をしないことにより業務への支障が生じる「特段の事情」が明らかでないとして、降格前の賃金との差額及び慰謝料を認める。

生活協同組合（被告）が経営する病院において副主任を務める理学療法士（原告）は、第2子の妊娠により希望して軽易業務に転換し、副主任を免じられた（本件措置1）。その後原告は出産し、1年余の産休・育休を取得した後職場復帰したところ、副主任への復帰を主張したものの、一般職員の地位に据え置かれた（本件措置2）。原告は、本件措置1及び本件措置2は、いずれも違法・無効であり、債務不履行ないし不法行為に当たるとして、被告に対し、慰謝料150万円及び不払いの副主任手当等総額175万円を請求した。

第1審及び控訴審では、本件措置1は原告の同意を得た上で行ったこと、本件措置2は、業務の必要性に基づいて裁量権の範囲で行った

ものであって、いずれも有効であるとして原告（控訴人）の請求を棄却した。これに対し上告審では、妊娠中の軽易業務への転換を契機とする降格措置は原則として男女雇用機会均等法９条３項に違反するが、労働者が真に自由な意思に基づいて降格を承諾したと認めるに足りる合理的な理由が客観的に存在するとき、又は事業主において当該労働者につき降格させることなく軽易業務への転換をさせることに業務上支障があり、その措置につき同項の目的に反しないと認められる特段の事情が存在するときは、同項に違反しないとの判断を示した。その上で、本件措置１による異動により上告人（原告）は患者の自宅への訪問を要しなくなったものの、同異動の前後における業務の負担の異同は明らかでない上、復帰後に配属されたリハビリ科の主任又は副主任の職務内容が判然としないことからすれば、上告人が軽易業務への転換等により受けた有利な影響の内容や程度が明らかにされたとはいえない一方、上告人は副主任から非管理職に変更され、副主任手当（月額9500円）の支給を受けられなくなるなどの不利益を受けていること、上告人は育児休業後に職場復帰した後も、非管理職としての勤務を余儀なくされていることといった一連の経緯に鑑みると、本件降格は、軽易業務への転換期間中の一時的な措置ではなく、同期間経過後も副主任への復帰を予定していないとみるのが相当といわざるを得ないところ、上告人は、副主任を免ずる旨を伝えられた際に、職場復帰時に副主任に復帰することの可否について説明を受けた形跡は窺われず、更に職場復帰に関する希望聴取の際には、副主任に任ぜられないことについて強く抗議しているとしている。これらを踏まえて、本件措置による降格は、上告人の意向に反するものであったとして、原審の認定した「本人の同意があった」ことを否定した。

　更に、リハビリ科における主任又は副主任の職務内容及び同科の組織や業務態勢等は判然としないから、仮に上告人が副主任となった場合、被上告人（被告）の業務運営に支障が生ずるか否か及びその程度は明

　らかでないから、本件措置2については、業務上の必要性の内容や程度、上告人における業務上の負担の軽減の内容や程度を基礎付ける事情が明らかにされない限り、男女雇用機会均等法9条3項の趣旨に反しないと認められる特段の事情を認めることはできないとして、高裁に差し戻した。

　最高裁は、下級審で示した、本件措置1には原告本人の同意があったこと、本件措置2には、職場復帰時点において原告を副主任にできない業務上の必要性があったこととの判断について厳しい目を向け、男女雇用機会均等法9条3項にいう、妊娠等を「理由とする」不利益取扱いの範囲を広く捉え、余程のことがない限り、妊娠、出産等を契機とした不利益取扱いは同項に違反して無効であるとの判断を示し、このことを前提とした判断を高裁に求めたものである。

　最高裁の判断を受けて、差戻後の控訴審では、次のように、控訴人（原告）の請求を全面的に認める判断をした。

　控訴人は、軽易業務後のリハビリ科への異動に伴い副主任の地位を免ぜられることを承諾したと認められるが、承諾を自由意思と認定する合理的な理由が客観的に存在するとはいえないこと、被控訴人（被告）が控訴人に対し現場復帰の際に副主任の地位がどうなるか明確に説明したとは認められないことを併せ考えると、本件措置1の承諾につき自由意思に基づく合理的な理由が存在するとはいえない。本件措置1により、流産等の危険を減少させる利益があること、被控訴人が控訴人の担当患者を減らすなどしたことは認められるが、これらは、リハビリ科への異動による利益とはいえても、降格による利益とはいえないこと、控訴人は降格により経済的損失を被るほか、人事面でも不利益を受けること、控訴人は復職時に役職者として復職することが保証されてはいなかったことからすると、本件措置1が男女雇用機会均等法に違反しないと認められる特段の事情があったとはいえない。

　本件措置1につき、被控訴人が控訴人に対し、事前の承諾を得たと

認めるに足りる証拠がないこと、事後における控訴人の承諾は自由意思に基づくとは認められないこと、本件措置1の必要性や理由について事前に控訴人への説明があったとは認められないこと、組織単位における主任、副主任の配置についても、男女雇用機会均等法の目的・理念に従って女性労働者を遇することにつき使用者として十分に裁量権を働かせたとは言いがたいことから考えると、被控訴人は、本件措置1をなすにつき、使用者として、女性労働者の母性を尊重して職業生活の充実を確保すべき義務に違反した不法行為、労働法上の配慮義務違反があるというべきであり、被控訴人は控訴人に対し、副主任手当（月額9500円）、慰謝料100万円等総額175万3310円を賠償する責任を負う。

(5)　男性看護師育児休業取得人事考課事件　京都地裁平成25年9月24日判決、大阪高裁平成26年7月18日判決

> **結論**　育児休業を取得した男性看護師に対し、その評価にかかわらず一律に職務給を昇給させなかったことにつき、賃金・賞与等の差額支払いを認め、昇格試験を受験させなかったことについては慰謝料の支払いを認める。

本件病院を設置・運営する医療法人（被告）に勤務する男性看護師（原告）は、平成20年度から平成23年度までの人事考課ではB以上の総合評価（通常は昇格試験受験に推薦される）を受けた。また、被告の昇格試験は、平成24年度及び25年度しか実績がなく、今までS5（原告が合格した場合の格付）の昇格において不合格者はなく、S6への昇格においては複数の不合格者があった。

原告は、平成22年9月から3カ月間の育児休業を取得したところ、被告は、①3カ月以上の育休を取得した者は翌年度の職能給を昇給させない定めがあるとして、原告の平成23年度の職能給を昇給させず、

②3カ月以上の育休をした者は当年度の人事評価の対象外となるとして、平成24年度の昇格試験の受験資格を認めなかった。そこで原告は、これらの措置は育児・介護休業法で禁止する不利益取扱いに当たるとして、不法行為に基づき、被告に対し、昇給・昇格をしていた場合の給与、賞与及び退職金の額と実際に支払われたこれらの額との差額（128万円余）及び慰謝料30万円の支払を請求した。

　第1審では、3カ月の育休取得の翌年度も本人給は昇給すること、職能給の昇給がなかったことによる不利益は僅か（4万2000円程度）であること、職能給の昇給抑制は、育休の取得を抑制する趣旨とは認められないことを理由として、違法性を否定した。一方、原告に昇格試験を受験させなかったことは違法と認めたものの、原告が昇格試験に合格する高度の蓋然性までは認められないとして、受験させなかったことと、給与、賞与、退職金相当の損害との因果関係を否定したが、受験できなかったことにより原告は精神的苦痛を被ったとして、被告に対し、慰謝料15万円の支払を命じた。

　控訴審では、同じ不就労でありながら、遅刻、早退、年次有給休暇、生理休暇、慶弔休暇、労働災害による休業・通院、同盟罷業などによる不就労は職能給の欠格要件である3カ月の不就労期間に含まれないことを挙げて、育休を不利益に取り扱うことの合理性を否定した。その上で、被控訴人（被告）では、1年の評価期間のうち3カ月以上の者を全て人事評価の対象とする旨定め、現に平成22年度には評価を実施し、3カ月の育休を取得した控訴人（原告）についても人事評価をしていると認定し、その一方で、人事評価の結果如何にかかわらず3カ月の育休取得を理由に、一律に職能給を昇給させない扱いは合理性を欠くとの判断を示した。すなわち、被控訴人における本件不昇給規定は、育児休業を私傷病以外の他の欠勤や休業よりも合理的理由なく不利益に扱うものであって、育休取得抑制の働きをするとして、育児・介護休業法10条で禁止する不利益取扱いに当たると判断したわけである。

また、昇格試験の受験資格について、控訴人は総合評価Bの年数が標準年数の4年に達しており、昇格試験の受験資格を与えなかったことは不法行為に当たるとして、被控訴人に対し、給与、賞与についてのみ（退職金を除く）差額支給を命じている。昇格試験の受験を認めなかったことについては、合格の高度の蓋然性までは認められないとして、差額請求を認めず、第1審と同様に慰謝料15万円を認めている。

　男性の育児休業について争われた稀有な事例であるが、同じ不就労であっても、職能給の昇給において育児休業を他の休暇や休業よりも不利に扱っていること、人事評価マニュアルでは評価期間が3カ月未満であれば評価できないと明記され、逆に言えば評価期間が3カ月以上あれば評価できると定めながら、本件では全く筋の通らない主張をして原告を不利に扱っているところ、2度にわたり育休を取得した原告に対する報復とも考えられないわけではない。

⑹　外資系旅行・金融等会社育児休職期間満了退職事件　東京地裁平成26年11月26日判決

> **結論**　1年間の育児休業後の退職勧奨、時短勤務開始後の傷病休暇中の再度の退職勧奨、職場復帰条件に「健康時と同様の業務遂行が可能」を新設した就業規則の改正はいずれも合理性を欠き、これらを理由とした休業期間満了時の解雇は公序良俗違反として無効である。

　国際的に旅行業・金融業等を営む本件会社（被告）の給与課の女性チームリーダー（原告）は、平成21年5月に出産し翌年5月末まで育児休業を取得した。被告は、復帰前の原告に対し、出産を理由とする退職を勧奨するとともに、復帰後は給与課以外での勤務を示唆した。原告は、時間短縮勤務で職場復帰した後、業務に適応できず、2カ月間の傷病休暇を取得し、再度の退職勧奨を拒否したところ、チームリーダー

から最下位のチームメンバーへ降格され、業務に関する警告書を交付された。原告は、平成24年12月まで、傷病休暇、療養休職とされたが、医師は、軽い業務からステップアップすることが望ましい旨の所見を示した。被告は、同年12月20日、休職期間満了を理由に原告を解雇したところ、原告はこれを無効であるとして、被告に対し、雇用契約上の地位の確認と賃金の支払いを請求した。

　判決では、まず、改正後の就業規則は、従来規定のない「健康時と同様」の業務遂行が可能であることを業務外傷病者の復帰の条件とするものであって、労働条件の不利益変更に当たるとの基本的見解を示した。その上で、特に精神疾患は再発の可能性が高く、完治も容易でなく、「健康時と同様」の復職条件は、傷病者の復帰を著しく困難とするものである一方、変更の必要性・合理性を認めるに足りる事情が見当たらないことから、本件変更が合理的とはいえず、裁量の範囲を逸脱又は濫用したものとして、本件雇用関係は終了していないとの判断を示した。

　男女雇用機会均等法9条3項は、妊娠、出産等を理由とする解雇を禁止しているところ、本件退職勧奨は直ちに同項違反とまではいえないとしても、明らかに同項の趣旨に反するものといえるし、原告の降格は、職場復帰後業務に対応できないことを理由とするもので、直ちに違法な不利益取扱いとまではいえないものの、これが原告の退職勧奨拒否の後に行われた経緯からすれば、退職勧奨拒否に対する報復とも考えられる。

(7) 重度心身障害児（者）団体育児短時間勤務昇給抑制事件　東京地裁平成27年10月2日判決

> **結論**　育児短時間勤務の女性職員に対し、勤務評価にかかわらず、勤務時間に比例する以上に昇給で不利に扱うことは育児・

介護休業法に規定する不利益取扱いに該当するが、女性職員側に昇給請求権は認められないとして、差額に見合った額の慰謝料を認める。

　重度心身障害児（者）の教育等を目的とする社会福祉法人（被告）は、育児短時間勤務制度（本件制度）を実施していたところ、女性職員3名（原告X、Y、Z）は、平成22年度以降本件制度を利用して、1日6時間（本来8時間）勤務をしていた。

　被告の職員の昇給は、過去1年間の勤務成績に応じて行うとされ、成績が「良好」の職員は4号給、「特に良好」の職員は6号給とされていた。被告の平成21〜24年度の昇給については、給与規程の一部改正に伴う附則により全職員をマイナス1号給としたことに加え、育児短時間勤務をした原告らの昇給は更にその8分の6に抑制した。原告らは、本件昇給抑制は違法・無効であるとして、被告に対し、本件昇給抑制がなければ適用されるべき号給の地位の確認、本来支給されるべきであった給与との差額及び各自につき50万円の慰謝料の支払いを請求した。

　判決では、まず育児・介護休業法23条の2について、労働者が所定労働時間の短縮措置の申出をし、又は短縮措置が講じられたことを理由として解雇その他の不利益取扱いをすることは、同条に違反しないと認めるに足りる合理的な事情が存在しない限り違法・無効であるとの基本的見解を明らかにしている。その上で、原告らの基本給は、短時間勤務の間は労働時間に比例した8分の6に減額されているのに、本件昇給抑制は、更に労働時間が短いことを理由に8分の6を乗じた号俸を適用するものであるから、ノーワークノーペイの原則を超える不利益を与えるものであり、これは同法23条の2に違反しないと認めるに足りる合理的な事情が存在するとも窺えないとして、同条で禁止する不利益取扱いに該当すると判断している。

　しかしなら、給与規程上、被告による昇給決定という行為があって初めて昇給を内容とする労働契約が形成されるものであって、職員に昇給を請求する権利が付与されるものではないと、この点は原告の請求を斥けている。すなわち、解雇、降格といった作為による不利益行為については、それを無効とすれば足りるが、本件のように「昇給させない」という不作為による不利益取扱いは、一般的には作為の義務付けができないことから、昇給に伴う差額支給を命じることができないという問題が生じ、こうしたことは、他の昇給差別等を巡る争いでもしばしば見られるところである。といって、こうした不合理な不利益取扱いを放置することはできないから、差額相当額を不法行為に基づく損害賠償として使用者に支払わせる手法がしばしば取られており、本件においても、この手法により、被告に対し、原告らそれぞれにつき4万円余〜12万円余の差額相当額の損害賠償及び原告ら各自につき10万円の慰謝料の支払いを命じている。

(8)　学術専門書籍等出版社育児休業後解雇事件　東京地裁平成29年7月3日判決

結論	育児休業取得後の女性に対し、勤務態度不良等を理由に退職勧奨、解雇したところ、事業主が妊娠等と近接して解雇した場合、これは違法なものと解されるとして、慰謝料を認める。

　英文の学術専門書の出版を業とする会社（被告）に勤務する女性社員（原告）は、第1子出産の約3年後に第2子を出産して育児休業を取得し、職場復帰について被告に申入れしたところ、元の職場での復帰は難しく、復帰するならインドの子会社への出向か、大幅に給与が下がる総務課のポストしかないと言われて退職勧奨を受けた。原告は、この措置が、男女雇用機会均等法、育児・介護休業法が禁止する不利

益取扱いに当たるとして、労働局に調停を申し立て、その意向に沿った調停案を示されたが、被告はこれを拒否した上、協調性欠如、指揮命令違反等を理由に原告を解雇した。これに対し原告は、本件解雇が妊娠及び出産（妊娠等）と近接して行われており、男女雇用機会均等法及び育児・介護休業法に違反すること、解雇の合理的理由がないことを主張し、被告に対し、労働契約上の権利を有する地位にあることの確認と賃金の支払い、慰謝料等220万円の支払いを請求した。一方、被告は、本件解雇は妊娠等とは無関係で、原告が自身の処遇に不満を持ち、上司に執拗に対応を求め、時に感情的になって極端な言動を取ったり、上司への非礼な言動をすることなどにより職場秩序が乱されていることによるものであると主張し、解雇の正当性を主張した。

　判決では、次のように、本件解雇の無効による原告の労働契約上の権利と賃金の支払いを認めるとともに、被告に対し、慰謝料等55万円の支払いを命じた。

　事業主において、外形上、妊娠等以外の解雇事由を主張しても、それが社会通念上相当と認められないことを認識し、あるいは当然に認識すべき場合において、妊娠等と近接して解雇が行われた場合には、少なくとも男女雇用機会均等法、育児・介護休業法の趣旨に反した違法なものと解される。被告の主張する原告の業務命令違反、職場秩序紊乱は認められるが、懲戒処分はもちろん、文書による注意もなく、適正な手続がなされていない。また、原告が復職した場合、上司や同僚らがその負担に耐え切れないとの主張については、それらの生命、身体を危険に晒し、あるいは業務上の損害を与えるおそれがあることにつき具体的な立証がなされていない以上、被告はこれを甘受すべきである。本件解雇は妊娠等と近接して行われており、男女雇用機会均等法、育児・介護休業法の規定あるいはその趣旨に反して無効である。

⑼　**外国語スクール育児休業後非正規職員転換等事件**　東京地裁平成30
年９月11日判決、東京高裁令和元年11月28日判決

結論	育児休業からの復職に際し、保育園が見付からないことを理由に有期の契約社員に転換し、契約更新なく雇止めされたことにつき、第１審では、契約更新への期待の侵害、使用者側の不適切な言動等を理由に女性職員の慰謝料を認める。一方控訴審では、女性職員側に不適切な行為があったことを理由に雇止めを有効と認め、逆に女性職員側に名誉毀損行為があったとして、スクール側への慰謝料を認める。

　英語及び中国語のスクール等を経営する会社（被告）に雇用されていた女性正社員（原告）は、平成24年11月から産前休業を取得し、平成25年３月に出産した後、平成26年３月１日まで産後休業及び育児休業を取得した。原告と被告代表者との面談で、代表者は原告に対し、育休後の就労形態として、従前通りの正社員のほか、１日４～６時間の時短勤務（正社員）、１週３日又は４日の契約社員（１年更新）を提示した。原告は、時短勤務の正社員を希望しつつ、保育園の状況が不透明である旨伝え、育児休業は同年９月１日まで延長された。しかし、その後も保育園が決まらないことから、原告は更に３カ月の育休延長を申し出たが、被告はこれを認めず、同日までに復職できなければ自己都合退職となる旨伝えた。そこで原告は、週３日勤務の契約社員として契約して（本件同意）復職したところ、同月９日に保育園が見付かったとして時短勤務の正社員への変更を繰り返し求めたが、被告はこれに応じなかった。

　被告は、育児休業後に復職した原告に対し、平成27年７月12日以降の自宅待機を命じ、原告の契約社員契約は同年９月１日をもって終了した（本件雇止め）。原告は、主位的には、被告に対し、正社員としての労働契約上の権利を有する地位にあることの確認及び賃金の支払

い、予備的には週3日勤務の賃金及び慰謝料等330万円の支払いを請求した（本訴）。

　一方、原告は同年10月、被告の措置に抗議するための記者会見を開いたところ、被告は、原告が同記者会見において虚偽の発言をしたことにより信用を毀損されたとして、原告に対し慰謝料等330万円を請求した（反訴）。

　第1審では、本件正社員契約を解除した本件合意は、男女雇用機会均等法9条3項及び育児・介護休業法10条にいう不利益取扱いには当たらないと、この点では原告の請求を斥けたが、本件契約社員契約は、期間満了後に更新を期待することに合理的な理由が認められる有期労働契約に当たり、服務規程に関しても、原告は被告に対し正社員に戻すよう要求し続けただけで、契約更新を拒絶する合理的な理由には当たらないとして、原告の労働契約上の地位を認めた。なお、原告が、約束に反して、代表者の同意を得ずにした一方的な録音は事業所内の秩序を乱し、就業時間中における業務外のメールの送受信は職務専念義務に反するとしながら、これらは契約更新を拒絶する合理的な理由には当たらないと判断した。

　また、同判決は、本件合意後に保育園への入園が可能になるという事情変更を踏まえ、原告が被告にその旨を知らせ、正社員への復帰を申し出た時点で、原告と被告は「正社員への契約再変更」に向けて誠実に交渉する信義則上の義務を負い、これに違反した場合は不法行為に基づく損害賠償責任を負うとの見解を示した上で、被告が中核的業務を取り上げたこと、原告の希望する土日のコマを担当させる調整が不可能とはいえないのに、不要な条件を付けたこと、原告の男性上司が「自分の稼ぎだけで食わせるくらいのつもりで妊娠させる」旨発言したことなど不誠実な態度に終始したとして、被告に対し、慰謝料等110万円の支払を命ずる一方、記者会見における原告の発言は不法行為には当たらないとして、被告の反訴請求を棄却した。

　これに対し控訴審では、次のように述べて、被控訴人（原告）の主要な請求を棄却し、逆に記者会見における被控訴人の対応を不法行為として、50万円の損害賠償を命じた。

ア　本件合意の有効性

　被控訴人は、本件合意の時点では週5日勤務が困難であったため、週3日4時間の本件契約社員契約を締結したものである。このような経緯等によれば、本件合意には、被控訴人の自由な意思に基づいたものと認めるに足りる合理的な理由が存在したといえるから、本件合意は、男女雇用機会均等法9条3項や育児・介護休業法10条にいう「不利益取扱い」には当たらない。したがって、被控訴人による正社員としての地位の確認請求及び未払賃金等請求はいずれも理由がない。

イ　本件契約社員契約の更新の有無

　契約社員制度は、育児休業明けの社員のみを対象とするものであり、将来正社員として稼動する環境が整い、本人が希望する場合には、正社員としての労働契約の再締結を想定しているから、本件契約社員契約は、労働者が契約期間満了時に更新されることを期待することについて合理的な理由があると認められる有期労働契約に当たる。

　執務室内の会話の録音は、業務上のノウハウ等が漏洩するおそれがあるから、従業員に禁止を命ずることは許されるところ、被控訴人は確認書を破棄して録音したのであるから、この行為は円滑な業務に支障を与える行為といえる。被控訴人は、マスコミ関係者らに録音テープを提供した結果、①男性上司から「俺なら、俺の稼ぎだけで食わせる覚悟で嫁を妊娠させる」と言われた、②育児休業終了後に子が保育園に入れば正社員に戻すとの条件で契約社員として復帰し、その後保育園が決まったのに正社員に戻さなかった、③被控訴人は代表者から、嫌なら退職をと迫られた、④まさに社を挙げてのマタハラで労働局の指導も無視、⑤被控訴人の後に育休を取った複数の社員も嫌がらせを受けて退職した旨の報道がなされたものである。このうち②は真実で

はなく、③については、代表者が被控訴人の都合のみを優先させるわけにはいかない旨説明したことはあるが、被控訴人に退職を迫ったことはない、④被告は労働局の指導を無視したことなく、⑤も真実ではない。そうすると、被控訴人は、自己の要求が容れられないことから、マスコミ関係者らに対し、事実と異なることを伝え、録音テープを提供することによって、社会に対し控訴人がマタハラ企業であるとの印象を与えようとしたといわざるを得ない。更に被控訴人は、多数回にわたり、勤務時間内に業務用のパソコン等を私的に利用するなど、反省の念も示していないから、本件雇止めは社会通念上相当といえる。

ウ　控訴人による不法行為の有無

　控訴人（被告）が、被控訴人宛てに送信されたメールを閲読し、これを送信した社外の第三者に対し、被控訴人が自宅待機処分となった旨を記載したメールを送信したことが認められるところ、情報漏洩の観点から、一定期間、被控訴人のメールアドレスへのアクセスを禁止し、その間に同アドレスに送信されたメールを閲覧することには正当性がある。しかし、被控訴人が自宅待機となった事実を社外の者に伝える必要はないから、たとえその相手がマタハラNet関係者であったとしても、被控訴人のプライバシーを侵害する不法行為に該当する（慰謝料等5万5000円）。それ以外の被控訴人主張の事実（正社員への登用拒否、上司の発言、団体交渉拒否、公式ウェブサイトでの被控訴人の誹謗中傷等）は、いずれも事実でないか、事実としても不法行為には該当しない。

エ　被控訴人による不法行為

　①被控訴人による、育児休業明けにも保育園が見付からなかったため休職を申し出ても契約社員か退職かを迫られたという発言は、控訴人が育休後復職しようとする社員に不利益な労働条件を押し付け、退職を強要するなど労働者の権利を侵害する企業であるかのような印象を与えるものであるから、控訴人の社会的評価を低下させるものとい

える。②被控訴人が育児休業後止むを得ず契約社員契約を締結したが、1 年後に雇止めされたという発言は事実を摘示するもので、直ちに控訴人の社会的評価を低下させるものとはいえない。③被控訴人が職場復帰したら人格を否定されたという発言は、控訴人が育児休業を取得した社員に対し個人の尊厳を傷つけるような言動をしたとの印象を与えるものであるから、控訴人の社会的評価を下げるといえる。④男性上司が被控訴人に対し「俺の稼ぎで食わせるくらいのつもりで妊娠させる」と発言したという発言は、管理職が子を養育する女性が働くことについて否定的な認識や価値観を有しているかのような印象を与えるものであるから、控訴人の社会的評価を低下させたといえる。⑤控訴人が労組に加入していたところ、代表者が「あなたは危険人物」と言ったという発言は、経営者が労組の存在や社員の加入について嫌悪感を有しているとの印象を与えるものであるから、控訴人の社会的評価を低下させたといえる。

　本件各発言に基づく報道は、控訴人が、あたかもマタハラ企業であるかのような印象を与えて社会的評価を低下させるものであり、実際に控訴人を非難する意見等も寄せられたのであるから、本件各発言に基づく報道によって控訴人の受けた影響は小さくないが、報道の中には控訴人の主張も併せて紹介したものがあったこと、控訴人の公式ウェブサイトで反論していることなどの事情を考慮すると、本件各発言及びこれに基づく報道により控訴人が被った名誉毀損による損害は 55 万円と認める。

⑽　クレジットカード会社育児休業取得不利益取扱事件　東京地裁令和元年11月13日判決

結論	男女雇用機会均等法11条の 2 及び育児・介護休業法25条所定の措置義務は、国が事業者に対して課した公法上の義務

であり、労働者と使用者との法律関係を直接律するものではないから、これらの規定をもって直ちにその内容に対応する私法上の義務が生じるとはいえない。育児休業取得後チームリーダーから外す等した本件措置は役職変更にあって降格には当たらず、男女雇用機会均等法及び育児・介護休業法にいう不利益取扱いには該当しない。

　クレジットカード発行会社（被告）に平成22年1月から正社員として勤務する女性（原告）は、平成26年1月にチームリーダー（バンド35）になり、37名の部下を持っていた。原告は、平成27年1月初旬、事業部門の副社長Aに妊娠を報告し同年7月30日に出産した後、平成28年7月まで育児休業を取得したところ、同僚Bが仮に原告の後任のリームリーダーに任命され、組織変更によって「原告チーム」は消滅した。原告は職場復帰したが、被告は平成29年1月にアカウントセールス担当チームを発足させ、そのリーダーをCに兼任させ、原告はアカウントマネージャーとして同チームに配属された。原告はAに対し、自分がチームリーダーとされないことは降格である旨主張したが、Aは原告の職務等級はバンド35のままであるから降格ではない旨説明した。被告は、平成29年3月、原告の人事評価として、ゴール（実績）2（3段階の中間）、リーダーシップ3（最低）の評価をし、他のフロアでの執務を命じた。原告は、平成29年7月13日から平成31年4月1日まで傷病休暇等を取得し、新たに独立されたアカウント・デベロップメントセールスチームのマネージャーに配置換えされたところ、この措置は育休取得を理由とする降格に当たり、男女雇用機会均等法9条3項及び育児・介護休業法10条所定の「不利益取扱い」に当たること、上記措置は「原職復帰」を原則とした育児・介護休業法に違反し無効であることを主張し、一連の本件措置について、被告に対し、慰謝料2000万円を含む総額2859万円余の損害賠償を請求した。

判決では、次のように、原告の請求を棄却した。

原告が休業中にチームリーダーの役職を解く旨の辞令等を受けたことはなく、平成28年1月には原告チームは消滅しているものの、原告は同月以降もバンド35のままであり、原告が実際に復職した際にはバンド35相当の役職に就くことが予定されていたといえる。そうすると、原告チームの消滅の一事をもって、男女雇用機会均等法9条3項、育児・介護休業法10条所定の「不利益な取扱い」に当たるとはいえない。

原告をアカウントマネージャーに配置したことは、職務等級の低下を伴わない措置であり、いわば役職の変更に過ぎないから、典型的な「不利益取扱い」としての降格とはいえない。原告は、アカウントマネージャーとして部下を持たされず、バンド30以下の従業員と同様の業務に従事することとなったこと、部下を持たなくなったことによりコミッションの支給額が減少したこと、インセンティブの支給額が減少したこと等を挙げて、アカウントマネージャーへの配置は降格に当たると主張するが、原告の業務がバンド30以下の従業員の業務と同様とは認められない。また、部下を持たなくなったことにより直ちにコミッションの支給額が減少したとは認められず、インセンティブの支給額が減少したとも認められない。

更に、原告は、アカウントマネージャーへの配置は、①実質的にバンド35に相当しない役職に配置するものであるから原職相当職に配置したとはいえない、②原告チームを消滅させることは、男女雇用機会均等法9条3項、育児・介護休業法10条所定の「不利益取扱い」に当たる旨主張する。しかしながら、平成28年組織変更において原告チームが消滅し、他方で新規販路の拡大を専門に扱うアカウントセールス部門を新設し、次年度からこれを更に強化するためのチームの新設を予定していたことから、原告を同部門のチームリーダー候補と考え、同部門にアカウントマネージャーとして配置した経緯に加え、原告はバンド35のままであること、業務内容は従前の業務と相当程度共通す

ることなどの事情に照らせば、本件措置は通常の人事異動とみることができる。以上からすれば、原告をアカウントマネージャーに配置したことは、男女雇用機会均等法9条3項、育児・介護休業法10条所定の「不利益な取扱い」に当たるとはいえない。

　平成29年組織変更により新設された部門のチームリーダーとしてCを兼務させ、原告をアカウントマネージャーとして同チームに配置した措置は、原告の復帰後の勤務態度等を考慮し、他方でCの実績を考慮して行ったものであり、原告の育児休業の取得を理由とした措置とはいえない。また、原告チームの従業員が記載した社員満足度調査においても、原告に対する否定的なコメントが相当数記載されていることから、原告のチームリーダーとしての能力に問題がないとはいえない。以上によれば、上記措置は原告の育児休業の取得を理由としてされた措置とは認められないから、男女雇用機会均等法、育児・介護休業法に反するとはいえない。

　被告は、育児休業復帰後の業務において、原告が自主的、積極的に業務を行う姿勢に欠けていたことから、原告の人事評価のリーダーシップの項目を「3」と評価したものであり、これは原告の育児休業等の取得が理由とされたものとはいえない。被告は、原告が育児休業から復帰した際、原告の当座の席をバンド30以下の従業員が用いるスペースに用意し、その後オフィスの拡張工事に伴い、原告らアカウントセールチームを他のチームとは別のフロアの1部屋に割り当てたところ、同部屋への移動が原告を不当に人間関係から引き離し、就業環境を害するものとはいえないから、職場環境配慮義務違反等による債務不履行又は不法行為を構成するとはいえない。

　そもそも原告が援用する男女雇用機会均等法11条の2及び育児・介護休業法25条所定のいわゆるマタハラ防止措置義務は、相談や対応体制の整備などを中心とする内容のもので、国が事業者に対して課した公法上の義務に過ぎず、労働者と使用者との法律関係を直接律るも

のではないから、これらの規定をもって直ちにその内容に対応する私法上の義務が生じるとはいえない。したがって、上記マタハラ防止措置義務がそのままの内容で当然に私法上の義務が被告原告間に生じるとする原告の主張は失当である。

⑾　育児休業取得保母解雇事件　横浜地裁昭和62年10月29日判決

結論　育児休業法施行前における教師、看護婦、保母等に対する育児休業の努力義務の下においても、申請の期間の変遷を理由とする育児休業の不許可は許されない。

　現在の育児休業に関する法制は平成３年の育児休業法によって設立されたものである（その後、同法は介護休業制度と併せて「育児・介護休業法」となる）が、実は上記育児休業制度が発足する約15年前に育児休業に関する法律が制定されていた。これは「義務教育諸学校等の女子教職員及び医療施設、社会福祉施設等の看護婦、保母等の育児休業に関する法律」というもので、公立の学校教師、看護婦、保母等特定の職種に従事する女性にのみ、主に人材確保の観点から育児休業が認められていたものである。したがって、同じ職種であっても、私立の施設で従事する女性職員及び男性職員には育児休業が義務付けられていなかった。

　本件は、私立保育所の経営者（原告）が、その雇用する保母Ａから育児休業取得の申出を受け、これを拒否したにもかかわらずＡが不許可のまま育児休業をしたことを理由として解雇したことから、Ａがこの解雇が不当労働行為に当たるとして地方労働委員会に救済申立てを行ったものである。もっとも、原告は最初からＡの育児休業を認めなかったわけではなく、産休明け１カ月半程の育児休業取得の申入れについては、就業規則に基づきこれを了承したものの、その後Ａが育児休業期間を５カ月間延長したいと申し出、更に育児休業期間中に、内容証

明郵便により育児休業期間を更に３カ月半取得すると申し出たことから、その育児休業申請が唐突かつ無計画であること、臨時の代替要員を確保できないことを理由にこれを許可しなかったものである。これについて地労委（被告）は、育児休業取得の許可に当たって国及び地方公共団体が運営する社会福祉施設等の保母と別に解釈すべき理由はないとして、本件解雇を不当労働行為と認定したため、原告がその取消しを求めたものである。

　判決では、本件のように私立の社会福祉施設に勤務する保母については、施設の運営は国公立の社会福祉施設と異なり、育児休業に必要な措置を講ずる努力を義務付けているに過ぎないとしながら、代替者の臨時的任用が著しく困難な場合を除いて育児休業の申請を許可する措置が努力目標でなければならないとの基本的考え方を示した。その上で、臨時の代替職員の確保が決して容易ではなかったと認めながら、原告は当初からＡの育児休業に否定的な態度を取り、職業安定所に対し正式に紹介を依頼することを中止するなど、臨時の代替職員の確保に積極的でなかった上、Ａの代替職員としてＢを採用したが、その半年後にＢを退職保母の後任として正規職員に採用したことが認められるから、代替職員の確保が困難であることを理由にＡの育児休業の延長を許可しないことはＡに対し酷といわざるを得ないとしている。そして、Ａの育児休業の期間の申出には変遷があるが、その理由は子供の病状に起因した外、原告の拒否的態度に反発して就業規則に規定する限度の期間を主張したと認められ、Ａの態度の故に育児休業の取得を不許可とすることは許されないとして、原告の請求を棄却した。

第5章　仕事と家庭との両立

1　単身赴任を巡る問題

　仕事と家庭との両立については、今では「ワークラフバランス」という言葉が定着しているが、この問題は古くて新しい問題といえる。仕事と家庭との両立は、本来女性だけの問題ではなく、男性にも同様に関わる問題であるが、少なくとも、これまでの間は、基本的に女性の問題として意識されていたといえる。以前は、女性の多くは専業主婦であったことから、仕事と家庭の両立は問題にならないと考えがちであるが、実は必ずしもそうとはいえない。仮に専業主婦であっても、その夫が遠隔地に転勤ということになれば、夫と一緒に転居するか、それとも自分は子供達家族と残って、夫を単身赴任させるかという選択を迫られるわけで、家族単位で見れば、転居を伴う転勤というのは、常に仕事と家庭生活との両立について問題を突きつけることになる。

　以前は、転勤命令によって家庭生活に被害が生じるとして、その転勤命令の無効を主張する裁判が数多く争われたが、その場合でも、①あくまで転勤命令を拒否し、それを理由に解雇されて、その解雇の有効性を争うケース、②異議を留めながら一応命令に従った転勤をし、転勤先から元の職場に戻すよう要求したり、損害賠償を請求したりするケースに分かれる。

⑴　東亜ペイント転勤拒否解雇事件　大阪地裁昭和57年10月25日判決、大阪高裁昭和59年8月21日判決、最高裁昭和61年7月14日判決

> **結論**　転居を伴う転勤は、①業務上の必要性が存しない場合、②業務上の必要性が存する場合であっても、当該転勤命令が他の不当な動機・目的をもってなされたものであるとき、③以上に該当しなくても労働者に対し通常甘受すべき程度を著しく超える不利益を負わせるものであるとき等、特段の事情の存する場合でない限りは、当該転勤命令は権利の濫用に当たらない。

　本件は、塗料の製造・販売等を業とする会社（被告）で勤務する入社9年目の、神戸営業所勤務の男性営業担当主任（原告）が、広島営業所への転勤の内示を受けてこれを拒否したところ、被告は名古屋営業所の主任を広島営業所へ転勤させ、原告をその後釜として名古屋営業所に転勤させる内示をし、原告がこれを拒否しているにもかかわらず転勤命令を発したものである。ところが、原告はこの転勤命令に従わず、名古屋営業所に赴任しなかったため、被告は発令の約3か月後に、転勤命令拒否を理由に原告を懲戒解雇した。これに対し原告は、本件転勤命令は人事権の濫用として無効であるから、その拒否を理由とする懲戒解雇も無効であるとして、被告の従業員としての地位の確認等を求めた。当時原告は、母親（71歳）、妻（28歳）、長女（2歳）と共に母親の家に住んでおり、母親は元気で食事の用意や買い物もできていたが、生まれてから大阪を離れたことがなく、趣味で老人仲間と月2、3回句会を開くなどしていた。また、妻は、本件転勤命令当時、ちょうど会社を辞めて新しく保母として勤務することになったところであった。一方、原告には当時独立の生計を営んでいる異母兄2人と既婚の姉2人がいた。

　本件は、特段変哲もない事例であるが、第1審、控訴審で敗訴した

被告が最高裁まで争い、しかも最高裁で下級審の判断が覆えされたことで、非常に有名になった事件である。

第1審、控訴審とも、原告（被控訴人）の家庭環境からすると、妻は名古屋に移住した場合、2歳の幼児を保育所に預けて働くところが見付かるとは限らないことから、原告が名古屋に転勤するとなれば単身赴任にならざるを得ず、原告は相当な犠牲を強いられると判断した。更に、原告の名古屋転勤の必要性がそれほど強くなく、他の従業員を転勤させることも可能であったのに対し、名古屋転勤となれば原告の犠牲は大きかったこと、原告の神戸営業所勤務が2年4カ月に過ぎないことを挙げて、本件転勤命令及び本件懲戒解雇を無効と判断した。

ところが、最高裁で上記判断は覆された。最高裁は、使用者は業務上の必要に応じ、その裁量により労働者の勤務場所を変更することができるが、特に転居を伴う転勤は労働者の生活に影響を与えるものであるから、その濫用は許されないとした上で、①業務上の必要性が存しない場合、②業務上の必要性が存する場合であっても、当該転勤命令が他の不当な動機・目的をもってなされたものであるとき、③以上に該当しなくても労働者に対し通常甘受すべき程度を著しく超える不利益を負わせるものであるとき等、特段の事情の存する場合でない限りは、当該転勤命令は権利の濫用に当たらないとの基本原則を示した。また、ここでいう業務上の必要性についても、その異動が余人をもって替え難いといった高度の必要性に限定されるものではなく、労働力の適正配置、業務の能率増進、労働者の能力開発、勤労意欲の高揚、業務の円滑化など企業の合理的運営に寄与する点が認められる限りは転勤が認められるとしており、上記三原則は、現在においても、転勤命令の可否が争われた場合、ほとんど常に引用されている。

最高裁は、こうした基本原則を踏まえて、被上告人（原告）を名古屋営業所に転勤させることは業務上の必要性が存したといえること、被上告人の家庭状況に照らすと、名古屋への転勤が与える家庭生活上

の不利益は、転勤に伴い通常甘受すべきすべき程度のものであること
を挙げて、本件転勤命令は人事権の濫用に当たらないとの判断を示し、
懲戒解雇を有効と認めた。

　本件における原告の家庭環境を見ると、それほど転勤が困難という
感じはしない。高齢の母親と同居とはいうものの、母親は元気な71歳
で、生活は自分でできること、周囲に子供（原告の兄弟姉妹）4名も
いることからすれば、4名の子供と母親との関係が良好か否かという
問題はあるにせよ、母親を友人等が多数いる慣れ親しんだ大阪に残し
て名古屋に転勤しても、それほどの問題が生じるとも思えない。高齢
だからいつ体調を悪化させるかわからないとの見方もあろうが、その
場合でも、近くに兄弟姉妹がいるわけだし、それに頼れない事情があっ
て、どうしても原告との同居が必要というならば、その時点で会社に
申し出て対応を考えることも可能であったと思われる。「何が起こる
かわからない」と言い出すと、極端にいえば。親族がいる限り一切の
転勤ができなくなってしまうことにもなりかねない。本件で唯一転勤
の支障になると思われるのは妻の仕事であるが、これについても、保
母の仕事を始めたばかりであるから、当時（昭和48年）の経済情勢が
非常に好調であったことを考えれば、一旦退職して名古屋で改めて職
探しをすることも可能であろうし、どうしても退職が無理であるなら、
原告の単身赴任も考えられたであろう。大阪と名古屋の間であるから、
金帰月来もそれほど苦痛ではなかったと思われる。

　では、会社の対応には問題がなかったかといえば、そうとはいえな
いと思われる。本件のボタンの掛け違えは、原告を最初に広島に転勤
させようとして、原告がこれを拒否したために転勤先を名古屋に切り
替えたところにあると思われる。こういうことをすると、その転勤に
必然性が薄いと捉えられやすくなるし、「広島への転勤は断れるのに、
何故名古屋への転勤は断れないのか」という疑問を生じさせることから、
安易に転勤先を変更するようなことは避けるべきであろう。

　単身赴任となる転勤命令の可否を巡っては、1960年代後半からしばしば裁判で争われており、特に1980年代の半ば頃、立て続けに単身赴任を強いられたとして、その転勤命令の可否を巡って訴訟が提起され、いずれも最終的には原告側の敗訴に終わっている。

(2)　東洋テルミー転勤拒否解雇事件　東京地裁昭和48年5月11日判決

結論	**結婚予定の従業員の転勤について、業務上の必要性があり、人選において納得できる理由があること、別居か妻の辞職かという事情は、夫婦共働きの一方の転勤に伴って通常生ずる事態であること、従業員は幹部候補生であること、婚約者の転勤先での就職は必ずしも困難とは思われないこと、転勤先での在職期間は2年程度と見込まれることからすれば、本件転勤命令は有効であり、その拒否を理由とする懲戒解雇も有効である。**

　本件は、会社（被告）が、北関東で勤務する従業員（原告）に対し、大阪の販売力強化のために転勤命令を発したところ、原告は、近く結婚し共働きの予定であることなどを理由にこの命令を拒否し、結局懲戒解雇に至った事件である。

　判決では、本件転勤命令には業務上の必要性が認められるとした上で、転勤命令が権利濫用とされるか否かは、その必要性と労働者の家庭生活保持の必要性との調和にその基準を求めるほかなく、転勤命令の必要性とそれによって労働者が受ける不利益との比較考量によって決定されるとの基本的見解を示した。その上で、家庭生活の保持だけを過度に重視すると、全国規模において支店等を有して営業活動を行う企業の人事交流は停滞を免れないし、扶養家族を有する者とそうでない者、共働き夫婦とそうでない者との間に不当な差別をもたらす結果も生じて妥当ではないと、家庭生活重視の考え方を牽制している。本件につ

いては、原告が命令に従って大阪に赴任し、その後予定どおり結婚す
るならば、夫婦別居か、妻の辞職かという事態を招来することは必至
であるが、本件転勤命令は業務上の必要性に基づいてなされ、人選に
おいても納得できる理由があるところ、別居か妻の辞職かという事情
は、夫婦共働きの一方の転勤に伴って通常生ずる事態であって、事前
に予測されない異常なものではないこと、原告は幹部候補生であること、
婚約者が転勤先の大阪で看護婦として就職することは必ずしも困難と
は思われないこと、原告の大阪での在職期間は2年程度と見込まれる
ことから、本件配転命令を有効と判断した。

(3)　川崎重工業転勤拒否解雇事件　神戸地裁平成元年6月1日判決、大阪高裁平成3年8月9日判決

> **結論**　転勤先が比較的近いこと、転勤に際し、社宅の提供、婚約者の就職あっせん等会社が様々な便宜を図っていること、造船不況に対応する緊急対策に取り組んでおり、多数の配転対象者は、病気等特別な事情のある者以外は、個人的に大きな不便を忍びつつ配転に協力したこと、労働組合も配転に協力していることから、配転拒否を理由とする解雇は有効である。

　本件は、会社(被告)が、神戸工場に勤務していた男性従業員(原告)
を岐阜工場に配転させる命令を発したところ、原告がこれを拒否した
ために解雇した事件である。原告は、婚約して半年後に挙式が予定され、
婚約者は結婚後も神戸市内で引き続き勤務することを希望しているか
ら、転勤となれば結婚当初から別居せざるを得なくなるとして被告に
再考を求めたが、被告は配転先の関連会社で婚約者を雇用する旨申し
出て、あくまで岐阜への転勤命令を変えなかったため、原告はこれを
拒否して解雇されたものである。

　本件は、まず地位保全の仮処分で争われ、そこでは債権者（原告）が勝訴したが、本訴では、第1審、控訴審とも被告が勝訴した。すなわち、就業規則により被告は業務上の都合により従業員に配転命令を命ずることができるとされていること、原告と同様の立場にある高校卒5年後の従業員の3名に1名は配転されていることを挙げ、被告は従業員の個別的同意がなくても勤務場所の変更をすることができるとの原則を示した。とはいうものの、一方では、住居の移転を伴う配転は労働者の生活関係に少なからぬ影響を及ぼすとして、(1)の最高裁判決で示された原則を引用して、配転命令が無効となる場合があることも示している。

　原告は、被告の健康保険組合に勤務する女性と結婚し、共働きをしながら、郷里の母を引き取って扶養することを理由に配転を拒否したわけだが、被告は配転先の岐阜の関連会社に婚約者の受入れを承諾させて原告を説得したものの、原告の承諾を得られないまま、見切り発車の形で配転に至ったものである。これについて第1審判決では、母は当時58歳で健康であり、兄もいることから、原告は差し迫って母親の扶養が必要な状況ではなかったこと、被告は配転先での婚約者の就職のあっせん等特別な配慮をしていること、仮に婚約者が就職のあっせんに応じなければ原告は結婚当初から別居を余儀なくされるが、この程度の不利益は予測される上、原告と婚約者の選択の結果であるから、受忍の範囲内であることとの理由を挙げて、原告の請求を斥けた。

　控訴審でも、基本的に第1審と同様な立場に立って原告の請求を斥けているが、特に、神戸と岐阜がそれほど遠距離ではないこと、結婚後について、被控訴人（被告）は社宅の提供や、婚約者の就職あっせんなどを配慮して別居しなくて済むよう、世間一般の新婚夫婦と比較すれば恵まれた条件にあったことを強調している。更に、当時被控訴人は造船不況に対応する緊急対策に取り組んでおり、それによる多数の配転対象者は、病気等特別な事情のある者以外は、造船部門が直面

する厳しい情勢を把握し、持ち家を処分し、子供を転校させるなどして、個人的に大きな不便を忍びつつ配転に協力したこと、原告から苦情の申立てを受けた労働組合でも配転に協力するよう説得したことの事実を認め、これらのことも解雇権濫用を否定する根拠となっている。本件では、原告は本件配転を終始拒否し続け、課長の謝罪を要求し、誓約書に自分の指を切って血判を押すなど時代がかった行動を執った上、配転命令後も神戸工場に出勤し続け、文書を配布するなど被告に対して、積極的な批判行動をとっていたことも解雇の要因となったものとみられる。

　ちなみに、本件仮処分の第1審では、造船部門（神戸工場）の縮小と航空機部門（岐阜工場）の拡充の必要性は認めながら、債権者（原告）は全国転勤が予定される幹部候補ではないから、配転の必要性をより厳格に判断すべきであること、債権者の婚約者は両親を含め神戸を離れることに反対であるから、配転となれば結婚当初から別居が見込まれること、岐阜への配転対象者を債権者にしなければならない必要性が乏しいことを挙げて、本件配転命令を無効としている。

(4)　**帝国臓器製薬単身赴任事件**　東京地裁平成5年9月29日判決、東京高裁平成8年5月29日判決、最高裁平成11年9月17日判決

結論	配転が、業務上の必要に基づくものであること、通常の人事ローテーションの一環として行われ、公平性、人選に不当な点は認められないこと、経済的、精神的負担の軽減、回避のための措置を採っていること、転勤先が新幹線で2時間の場所であること等から、転勤命令の正当性を認める。

　転勤命令により単身赴任を強いられたとして、一応は異議を留めつつ命令に従って赴任したものの、単身赴任によって、親子・夫婦が同居して家族生活を営む権利、夫婦が協力して子供を教育する権利が侵

害されたなどとして、会社（被告）に対し損害賠償を請求した事件である。上記(1)の事件では、妻が新しい職場に移って間もないのに対し、本件の妻は原告と同じ会社（被告）で10年のキャリアを積んでいること、原告らには小学生を頭に子供が 3 人いるため、子供の養育は夫婦協同で当たっており、単身赴任となれば、経済的のみならず、夫婦共に精神的負担が大きくなるとして、いわば家族ぐるみで闘った事件ということができ、単身赴任の是非を巡って正面から争われた最初の事件といえよう。それだけに、最高裁まで争った結果、原告が全面敗訴したことは、その後の裁判に大きな影響を与えたものと思われる。

　本件は、被告の東京営業所に勤務する医薬情報担当者（原告）が名古屋営業所に転勤を命じられ、同じ会社に勤務する妻と 3 人の子供の養育のため東京を離れられないとしてこれを拒否したものの認められず、異議を留めて単身赴任し、横浜に配転されるまでの 6 年間別居を強いられたとして、慰謝料1274万円を請求したものである。本件では、原告の妻及び子も、別居生活により夫婦・親子が同居し、協力して子を養育するという基本的人権を侵害されたとして、被告に対し、慰謝料216万円を請求している。

　第 1 審では、①本件配転命令が業務上の必要に基づくものであり、その必要性は余人をもって容易には代えがたい程高度な必要性を要しないこと、②本件配転命令は医薬情報担当者に対して長期間行われていたローテーション人事の一環として行われ、原告もいつかは転勤することを覚悟して当然であり、公平性、人選に不当な点は認められないこと、③被告は、基準に該当しない原告に対し別居手当を支給するなど、二重生活による経済的、精神的負担の軽減、回避のための措置を採っており、これらの措置が社会通念上著しく不備とはいえないこと、④転勤先が新幹線で 2 時間の場所であることから、原告らはこれによって通常受ける経済的・社会的・精神的不利益は甘受すべきであることを挙げ、本件転勤命令が不当な動機・目的に出るなどに当たら

ないとして、原告の請求を棄却した。原告らは、本件転勤命令が、原告の単身赴任を余儀なくし、家族生活を営む基本的人権を侵害したもので、女子差別撤廃条約に違反すると主張したが、原告が単身赴任したのは夫婦の選択によるものであるとして、本件配転命令の公序良俗違反を明確に否定している。要は、被告は原告に対し名古屋に赴任せよと命じただけで、単身赴任したのは「あんたの勝手」というわけである。この考え方は、会社側の共通した見方かと思われる。

　控訴審でも、基本的に第1審と同様な立場に立って控訴を棄却したが、更に、①被控訴人（被告）の人事異動の施策には合理性があること、②控訴人（原告）らが受けた不利益は、転勤に伴って通常甘受すべき範囲内のものであること、③転勤命令には本人の同意を要するという労使慣行を認めることはできないこと、④単身赴任を余儀なくされたからといって転勤命令が公序良俗に反するとはいえず、家族生活を優先すべきであるとの考え方が社会的に成熟しているとはいえないことを挙げて控訴を棄却した。特に判決の中で強調されているのは、①控訴人は入社以来15年と、社内でも相当期間にわたって都内の営業を担当しており、控訴人のみを異動の対象から外すと却って不公平になること、②本件転勤命令による不利益は、第1審認定のとおり受忍範囲内であること、③名古屋・東京間は新幹線で2時間程度であり、子供の養育等の協力が著しく困難とまではいえないこと、④被控訴人は、支給基準を満たしていないにもかかわらず別居手当を支給するなど、一応の経済的措置を講じていることなどから、本件配転命令を公序良俗に反するものではないとしている。なお、本件は控訴人から上告されたが、理由がないとして棄却された。

　労働者が転居を伴う転勤を拒否する理由の一つとして、配偶者の仕事をしばしば挙げるが、夫婦共働きの場合、転勤命令に従って転居を伴う転勤をするとなれば、妻が退職するか、別居するかの選択を迫られることになる。

　上記の事例と同様、転勤による不利益が、通常転勤に伴う域を出るものではないとして、転勤命令を有効と判断した事例も少なくない（注1）（注2）（注3）（注4）（注5）（注6）（注7）（注8）（注9）。

　以上の事例では、いずれも転居を伴う転勤命令が有効とされたが、以下の事例は、従業員の家庭の事情等を考慮して転勤命令を無効としている。

(5)　徳山曹達転勤拒否仮処分事件　山口地裁昭和51年2月9日判決

> **結論**　共働きの妻、小学生以下2人の子及び義母と暮らす従業員（債権者）を徳山工場から東京支社に転勤させることは、債権者に対し精神的・経済的に著しい不利益を与えること、転勤先の業務が債権者でなければならないほど特殊なものとは思われないことからすれば、人事権の濫用として無効である。

　本件は、高校卒業後17年間の勤務経験を有する技術者が、徳山工場から東京支店へ転勤を命じられたところ、異議を留めて転勤した後、この転勤命令の効力を仮に停止することを求めた事件である。

　会社（債務者）と労働組合との間では、業務の都合により転任を命ずることがある旨の労働協約が定められ、これに基づいて従業員（債権者）が、入社以来17年間勤務を続けた徳山工場から、改正特許法への対応のため急増する業務に対応するため、東京支社特許課への転勤命令を受けた。債権者は、看護婦の妻、2人の子（上の子は小学校入学後間もない）及び義母（57歳）と生活しており、東京へ転勤となれば生活ができなくなるとして、転勤を拒否したが、結局、当初の予定より2カ月遅れで、異議を留めつつ東京支社へ転勤した。しかし、債権者はこの転勤命令に納得せず、その効力を停止するよう仮処分を申請したところ、判決では、次のように述べて債権者の請求を認容した。

　債権者を育てた義母は当時57歳で田畑を耕作していること、妻は看護婦として働いているが、家のローンが170万円あること、本件配転による債権者の担当業務が必ずしも同人でなければならないほど特殊なものとは思えないこと、配転先が遠隔地であること、転勤をすれば、債権者としては、妻に義母の世話をさせるため、夫婦別居を余儀なくされること、そうなれば精神的・経済的に顕著な不利益を被ることとなり、このような場合は債権者の同意を得なければならないと解される。ところが、債権者は、本配転勤命令に応じて赴任して既に数年経過したものの、本件配転に対しては当初から異議を留め、その後も機会ある毎に本件配転の不当を訴え続けている。なるほど、債務者は本件配転に当たって債権者のために種々配慮するとことがあったとはいうものの、本件配転について、事前に債権者の意向を尋ねることなく、配転は既に決定済みとして、専ら一方的に説得に当たったことが認められ、未だに債権者の同意を得るに至らない以上、本件配転命令は債務者の人事権の濫用として無効といわなければならない。

　本件は、転勤命令を有効と認めた上記(1)〜(4)と反対の結論となっているが、同居の家族の中に病人や介護を要する高齢者がいるわけでもないことからすれば、上記判決と異なる結論となったことの理由が必ずしも明確とはいい難い。本件が上記(1)〜(4)の事例とやや事情が異なると思われるのは、債権者が4歳の時に養子に出され、以後義母の手で（義父は債権者が10歳の時に戦死）育てられ、特に恩義に感じている節が見られ、長年の農作業等で体調が十分ではない義母の世話をできないことを特に苦痛に感じたことが窺われること、徳山からの転勤先が東京と遠距離であって頻繁に帰省することが難しいことが挙げられる（後者については、判決でも、人事権の濫用を認める根拠としている）。本件は、転居を伴う配転の可否の判断に当たっての限界ケースとでもいえるかと思われる。

⑹　ネスレジャパンホールディング転勤拒否事件　神戸地裁姫路支部平
成17年5月9日判決、大阪高裁平成18年4月14日判決

> **結論**　妻の精神疾患、実母の介護を抱える2人の従業員について、
> 遠距離転勤の業務上の必要性は認めながら、家庭崩壊につ
> ながりかねないとの理由で、配転命令を無効とする。

　本件は、会社（被告）姫路工場の1部門を廃止して、同部門に所属
する従業員61名を茨城県霞ケ浦工場に配転する命令を発したところ、
従業員2名（原告A、B）がこれを拒否し、配転命令の無効確認を求
めたものである。当時、原告A（53歳）は、妻（43歳）、娘（18歳及
び14歳）、実母（78歳）と同居し、原告B（47歳）は、妻（40歳）、息
子（13歳及び8歳）、実母（79歳）と同居しており、原告Aについては、
妻が病気で実母が高齢であること、原告Bについは実母が痴呆で要介
護状態になっていることを配転拒否の理由に挙げていた。
　第1審では、被告と原告らとの間の雇用契約は勤務地を限定するも
のではなく、被告には配転命令権があり、本件配転は姫路工場の1部
門の廃止と霞ケ浦工場の人員不足に対応するためのもので、業務上の
必要性があると判断した。すなわち⑴の最高裁判決で示された配転に
ついての3つの判断基準のうち、1、2はクリアーしたわけである。
そうなると、3番目の基準である「労働者に甘受すべき程度を著しく
超える不利益」を与えるか否かがポイントになるところ、これについ
ては、その配転の必要性の程度、配転を避ける可能性の程度、労働者
が受ける不利益の程度、使用者がなした配慮及びその程度等の諸事情
を総合的に検討して判断することになるとしている。そして、姫路工
場自体が廃止されるわけではなく、原告らが所属する1部門が廃止さ
れてもまだ多様な業務が存在する一方、配転先の霞ケ浦工場での業務
内容も、原告らの所属した部門の者でなければできないような性格の
ものではないことからすれば、姫路工場全体から配転する人材を選ぶ

こともできたし、配転困難な若干名を他の部署に配転する余地もあったと判断している。その上で、原告らの家庭事情に触れ、原告Aについては、妻が精神病に罹患し、その治療や生活のために援助が必要であって、原告Aの配転によって妻の治療や援助が困難となったり、その症状が悪化する可能性もあったとして、配転命令によって受ける不利益は通常甘受すべき程度を著しく超えるとの判断を示した。また、原告Bについては、配転によって実母の介護が困難になったり、症状が悪化する可能性があったから、配転による不利益が通常甘受すべき程度を著しく超えるとし、いずれも本件配転は、配転命令権の濫用として、原告らに霞ケ浦工場に勤務する義務のないことを確認した。

　控訴審でも、基本的に第1審と同様の立場に立って控訴を棄却しているが、被控訴人（原告）らの家庭の事情について、より立ち入った考察を行っている。すなわち、被控訴人Aの妻は、非定型型精神病に罹患していたところ、Aは妻を支え、病状の改善のために努力すべき義務を当然負っていたこと、当時Aと妻との関係は、長男の死亡や本件配転命令のこともあってかなり悪く、これが妻の病状を悪化させた面も否定できないこと、本件配転によって単身赴任することになれば、妻は家事を自分で行わなければならないという心配が精神的安定に大きく影響を及ぼすと考えられること、家族帯同で転居する場合は、全く知らない土地に住むこと、医師との信頼関係を一から築く必要があることが妻の不安感を増大させ、病気を悪化させ、ひいては家庭崩壊につながることも考えられることを挙げて、本件配転がAに与える影響は非常に大きいものであったと評価している。

　また、被控訴人Bについては、実母はトイレも介助が必要になることもあって、Bは夜間の監視や介助等をしていたと認定し、ショートステイにより若干介護の負担を免れることができるとしても、介護を親族で行うことは、主として精神的なメリットがあり、Bが単身赴任をした場合には、実母の介助及び援助は妻が行わざるを得なくなるこ

とから実際上不可能であって、ある程度は介護保険によるサービスで賄うことが可能であっても十分とはいえない上、相当額の費用がかかること、他方、高齢の実母が新たな土地に慣れることは一般的に難しいことを考慮すると、Bに同行して転居することはかなり困難であったと判断している。つまり、Bが単身赴任すれば、実母の介護が妻任せになり、実際上できなくなること、実母を帯同して転勤すれば、新しい土地に実母が慣れることは難しいことから、いずれにしても本件配転には無理があると判断したわけである。

　また、育児・介護休業法26条（就業場所の変更を伴う配置の変更における育児、介護への配慮）について、第1審では、配慮の有無程度は、配転命令権の行使が権利濫用の判断に影響を与えると一般論を述べるにとどまっていたが、控訴審では、更に具体的な突っ込みを入れている。すなわち、本件配転命令による被控訴人らの不利益を軽減するための代替策の検討として、工場内配転の可能性を探るのは当然とした上で、控訴人は、工場内では被控訴人らの配転の余地がないこと、あるいは他の従業員に対して希望退職を募集した場合の不都合を具体的に立証すべきであるとし、結局本件配転命令は、被控訴人らに通常甘受すべき程度を著しく超える不利益を負わせるものである、すなわち上記基準3に抵触するとして、無効であると結論付けている。

⑺　**明治図書出版転勤拒否仮処分事件**　東京地裁平成14年12月27日決定

結論	従業員が、他社勤務の妻の仕事、子供の病気を理由に転勤を拒否したことについて、業務上の必要性、転勤を予定された地位、金銭的配慮を認めながら、男女共同参画法の趣旨等に照らすと、妻が仕事を持っていることの不利益を従業員又はその妻が仕事を辞めることでしか回避できない不利益を「通常の不利益」と断定することはできない。

　育児・介護休業法26条についての判断を示した事例である。

　本決定では、同条の「配慮」は、配転を行ってはならない義務を定めるものではないが、少なくとも労働者が配転を拒む態度を示しているときは真摯に対応することを求めているものであり、配転命令を所与のものとして労働者に押し付けようという態度を一貫してとるような場合には、同条の趣旨に反し、権利濫用として無効になるとの原則を示した上で、本件はその場合に当たるとして転勤命令を無効としている。

　本件は、大阪支社勤務を命じられた債権者が、他社の正社員である妻の仕事、子供のアトピー性皮膚炎等を理由に転勤を拒否したものであるが、決定では、本件転勤命令の業務上の必要性、債権者が総合職として転勤を予定された地位にあること、会社（債務者）が転勤に伴う金銭的な配慮をしていることなど、転勤を正当とする要素を認めながら、幼い子供のアトピー性皮膚炎及び妻の仕事を転勤命令無効の理由としている。特に、妻の仕事については、次のように、かなり大上段に振りかぶった判断をしている。

　すなわち、女性が仕事に就き、子供を産んでからも仕事を続けることは、今日の社会状況、男女共同参画社会の形成に寄与すべきことを国民の義務とする男女共同参画法の趣旨、少子社会を克服することを目指す政府の取組み等に照らすと、債権者の妻が仕事を持っていることの不利益を債権者又はその妻の一方が仕事を辞めることでしか回避できない不利益を「通常の不利益」と断定することはできない旨言及している。

　配転命令が有効か無効かを分ける基準は何であろうか。労働者が転居を伴う配転を拒否する場合に挙げる主な理由は、①子供の保育、教育、②高齢両親の介護、③病気の家族の看護、④配偶者の仕事であろうかと思われる。上記(6)の事例が他の事例と異なるのは、妻の精神病、実母の介護等の事情で、転勤によって、家族帯同にせよ、単身赴任にせよ、

家族崩壊の危険性があることを指摘している点である。親や子供が病気に罹って、転勤した場合に病人に精神的・肉体的に過大な負担をかけるようなケースでは配転命令を無効としていることからすると、やはり転居を伴う配転の拒否を正当とする最大の理由は家族の病気あるいは介護と考えられる。

　なお、家族の病気を理由とする転勤拒否の当否が問題とされた事例として、若手で独身の男子従業員を群馬から札幌に転勤させるに当たって、同人が同居する母が高血圧、糖尿病により治療中で、脳梗塞もあることを理由に転勤の猶予を求めたのに対し、会社がこの要求を認めずに同人を解雇したものがある。判決では、転勤命令は労働契約で予定された労務指揮権の範囲内にあると認めながら、信義則に反し無効であり、その拒否を理由とした解雇も無効であると判断している（注9）。

　家族の病気、高齢の親の介護については、これからも転勤困難事由として主張されることが多く見られると思われるが、今後一層トラブルの種になると考えられるのは配偶者の仕事であろう。これが、同じ会社で共働きしている夫婦であれば、会社としても近くの職場に配置するという配慮のしようもあるが、夫婦が別の組織に所属している場合には、配転先を配慮することはなかなか難しいと思われる。転居を伴う配転命令の可否の判断に当たって、配偶者の仕事について触れた裁判事例はあるが、全般的に冷淡で「単身赴任するなり、それが嫌なら転勤先で配偶者が仕事を見つければ良い」といったものが多いようである。

　上記(7)では、珍しく妻の仕事を転勤拒否の主役としているが、これとても子供の病気との合せ技であるから、やはり配転拒否が認められる最も重要な要素は家族の病気ということになると思われ、このことは、その深刻さもさることながら、労働者として通常予定を立てられないという意味でも、合理性があると考えられる。一方、頻繁に主張される子供の教育については、いつの時点で子供がどうなっているか、一

般的にはおおよその目安は立てられるから、これを前提にして生活設計をすることが労働者にも求められるため、必ずしも転居を伴う配転が権利濫用となるものではないと考えられるものの、使用者としてもどこまで配慮すべきか、なかなかデリケートな部分があると思われる。

「単身赴任は日本固有のもので、非人道的だ」という非難を良く聞くが、その批判は一面的過ぎるように思われる。大企業や官庁など、全国各地に支店、工場、事務所等がある組織の場合、誰かがそこで勤務しなければならないわけである。「地元の人間を採用してそこで勤務させれば良い」との考え方もあろうが、全国均質のサービスが求められる場合には、そこで働く者の質もできる限り均質化していかなければならず、地元だけの社員とした場合、どうしても地域によって質的なバラつき出てしまう可能性が高いため、本社が人事をコントロールしなければならない場合が生じて来るであろう。転勤命令を拒否する者も、恐らく「会社として一切転居を伴う転勤を行うべきではない」と考えているわけではなく「自分には事情があって転勤できないから、他の人にしてくれ」「転勤先で予定されている業務であれば、どうしても自分でなければならないということはないから、他の人でも構わないはずだ」ということだろうと思われる。確かに、重篤な病気の家族を抱えているような場合、転勤によって家族が深刻な事態に陥ることが考えられるから、会社として配慮すべきことは当然であろうが、そうした深刻な事態以外の場合にまで転勤拒否を認めた場合、声が大きい者の主張が通るといった不公平が生じる可能性もあろう。

(7)のように、夫婦共働きで、別々の組織で勤務しているような場合、一方が転居を伴う配転を命じられた場合、単身赴任するか、一方が退職するかの選択を迫られることになる。ただ、だからといって「夫婦共働きだから転居を伴う配転はできない」ことを認めてしまうと、独身者や専業主婦で子供のいない家庭の者など、相対的に転勤に支障が少ないと見られがちな者に転勤が集中する可能性が高くなることから、

転居を伴う配転をするに当たっては、家庭の事情を把握して、できる
だけ支障が生じないよう配慮することは当然としても「彼あるいは彼
女は独身だから」という理由で転居を伴う配転を行えば、それはそれ
で不公平が生じることになると思われる。

（注1）東洋電機製造転勤拒否事件　横浜地裁昭和50年7月1日判決

（注2）小野田化学工業転勤拒否事件　福岡地裁小倉支部昭和50年7月1日
　　　決定

（注3）テック転勤拒否事件　東京地裁昭和50.10.29判決

（注4）大晃機械工業転勤拒否事件　山口地裁柳井支部昭和52年12月21日判
　　　決

（注5）吉野石膏転勤拒否事件　東京地裁昭和53年2月15日判決

（注6）日新化学研究所転勤拒否事件　大阪地裁昭和57年11月19日決定

（注7）ソフィアシステムズ転勤拒否事件　東京地裁平成11年7月13日判決

（注8）新日鉄総合技術センター転勤拒否事件　福岡地裁小倉支部平成11年
　　　9月16日判決

（注9）ナカコ通信機転勤拒否事件　前橋地裁昭和52年11月24日判決

２　女性自身の転勤

　１は、女性の立場からすれば、夫の転勤に伴い、これに付いて転
居するか、現住所に留まって夫を単身赴任させるかという問題であっ
たが、以下の事例は女性自身の転勤の可否が争わたものである。

(1)　ブックローン独身女性配転拒否仮処分事件　神戸地裁昭和54年7月
　　12日決定

> **結論**　独身女性社員の和歌山から大阪への本件配転について、就
> 業規則に配転の根拠があることを認めつつ、社員の合意が
> ない限り、原則として一方的に配転することはできないとし、

> 本件については、女性社員の配転が企業の合理的運営上不
> 可避であるか疑問であり、女性社員が配転に応じても特に
> 不利益を生じない事情が生じていることについての疎明が
> ないとして、配転命令を無効とした。

　書籍販売等を業とする会社（債務者）和歌山事業所に勤務する独身
女性社員（債権者）は、同事業所の業務の減少のため大阪業務課への
転勤命令を受けたところ、①労働契約上勤務地を和歌山と限定する旨
の合意があったこと、②本件配転は組合への復帰を嫌悪した不当労働
行為であること、③現在1時間程度の通勤時間が2時間半となり通勤
不能となること、④父親が病気療養中で、母親が勤務をしていること
から、本件配転により家庭生活に重大な打撃を受けること、⑤結婚適
齢期の女性として習い事をしているところ、それが不可能になること
を挙げて、本件配転命令の効力停止を求める仮処分を申請した。

　決定では、勤務場所は極めて重要な意義を有するとした上で、本件
労働契約においては、特に勤務場所について明示的に限定する合意が
なされたことの疎明のない本件においても、勤務場所を和歌山市とす
る暗黙の合意がなされていたと推認できるとの見解を示した。就業規
則には、債務者は業務の必要により配転を命じることがあり、正当
な理由のない限りこれを拒否してはならないとされているが、それで
も債権者の合意がない限り債務者が一方的に配転をなし得ないとして
いるから、就業規則よりも債権者の合意を優先させているわけである。
その上で、債務者の業務の都合上その他勤務場所を変更しないことが
著しく不相当であり、他方、債権者が右変更に応じても特に不都合を
生じないような事情が生じているなど、特段の事情があるときは、勤
務場所の変更については債務者の一方的な変更権を留保したと解する
のが相当であるとしている。いうならば、配転命令をする側（債務者）
に、就業規則の存在だけでなく、配転命令を合理的とする立証責任を

負わせているといえる。

　本件については、結論として、和歌山の業務量が減少していること
を認めながら、その減少の程度、和歌山の業務量の増加の可能性もあ
ること等を考慮すると、現時点で債権者を大阪業務課に配転することが、
債務者の企業の合理的運営上不可避の事態となってるか疑問がある上、
債権者が本件配転に応じても特に不利益を生じない事情が生じている
ことについての疎明はないとして、本件配転を無効としている。

　本判決は、その結論もさることながら、そこに至る過程に非常に問
題があると考えられる。通常であれば、就業規則に配転の根拠規定が
あれば、労働契約上配転は可能との前提に立って、人事権の濫用の有
無を吟味し、濫用が認められた場合に配転命令を無効とするところ、
本判決は、債権者が配転を拒否する理由を具体的に挙げているにもか
かわらず、これを吟味することなく、根拠を示すことなく勤務場所を
和歌山市に限定する暗黙の合意が推認できるとして、本件配転命令を
無効としている。債務者側に、債権者の同意のない配転をなし得べき
特段の事情について疎明を求めることは非常に困難であり、本決定の
考え方に従えば、本人の同意のない配転（恐らくは女性限定）は一切
できないことにもなりかねない。

⑵　ケンウッド女性社員転勤転拒否解雇事件　東京地裁平成5年9月28
　日判決、東京高裁平成7年9月28日判決、最高裁平成12年1月28日判決

結論	通勤時間が長くなり、子の保育に支障が生じる等の理由で転勤命令を拒否して懲戒解雇された女性社員について、転勤先近くへの転居により解決が可能であること、本件転勤命令が保育権の侵害には当たらないこと、転勤命令に対する女性社員の態度が不適切であること等から、懲戒解雇処分を有効とした。

　音響機器等メーカー（被告）に勤務し、都内目黒区の技術開発本部
に勤務していた女性社員（原告）が、八王子事務所に転勤を命じられ、
これを不服として社内の苦情処理委員会に苦情の申立てをした。原告
が本件転勤命令を拒否する理由は、この転勤によって通勤時間が大幅
に延長され、3歳の子供の保育ができなくなるというもので、苦情処
理委員会からは棄却の裁決を受けながら、その後も転勤命令を拒否し、
出勤拒否を続け、停職処分後においてもなお出勤しなかったことから、
懲戒解雇処分を受けたものである。

　原告は、保育園の開園時間は午前7時30分から午後6時までである
ところ、転勤後は通勤時間が1時間45分を超えることから、子供を現
在の保育園に預けて継続勤務することは不可能であり、家庭生活が破
壊されると主張した。保育園への送迎は、朝は主に夫が行い、迎えは
かつての同僚や保育園のパート勤務の保母に依頼するなどしていたが、
これが八王子勤務となった場合、自宅を午前6時45分には出なければ
ならず、帰宅は午後7時40分頃になることから、育児との両立は無理
と主張した。こうした場合、転居によって解決する方法も考えられるが、
これについては、夫の通勤時間が長くなること（夫は通勤時間は40分
ないし50分が限度と考えている）、家主に恵まれていること、子供の
友達関係や地域の友人関係を失いたくないこと、転居してまで通う職
場ではないことを主張した。

　原告は、本件転勤命令は、男女雇用機会均等法に定める職業生活と
家庭生活との調和を図る旨の努力義務に反していること、業務上の必
要性もなく、子供を養育している既婚女性従業員を遠隔地に配転した
例がないことからみても人選自体が不合理であること、上司である室
長による報復人事という不当な動機・目的によって行われたことを挙
げて、転勤命令及び解雇の無効確認と賃金の支払いを請求した。

　第1審では、原告が八王子転勤となれば、保育状況に変化がなく、
現住所から通勤する限りは、夫が早朝出勤する水曜日の送り、午後6

時30分頃から原告が帰宅する午後7時35分頃まで保育ができないことになるが、これらの時間帯につき第三者に依頼することが可能であったのではないかとの疑問があるし、被告は原告との間で、通勤時間及び保育時間につき十分話し合ってできる限りの配慮をしようと考えたというのであるから、いかなる場合にも現住所からの通勤が不可能であったとはいえないと指摘した。また、原告が八王子近辺に転居すれば保育問題は容易に解決できたとして、なるほど転居に伴って多少の不利益を伴うことは否定できないが、原告の主張は転居できない客観的障害事由には当たらないし、保育園の転園も容易だったというのであるから、転居という方法により本件異動命令に協力すべきであったとの判断を示した。また、居住地を八王子近辺に定めた場合、夫の通勤時間は電車で約1時間というから、都内の通勤事情からすれば、この程度の通勤時間を理由に転居に反対することは、従業員として非協力的な態度と評価されてもやむを得ないと、かなり厳しい調子で原告を批判している。

　また、男女雇用機会均等法は、女性を雇用している事業主は、育児休業その他の育児に関する便宜の供与をするよう努めなければならないことを定めているから、被告は原告の子供の保育につき、保育園等に預ける場合の勤務時間について配慮しなければならないわけだが、原告は八王子事業所に就労しているわけではなく、異動自体を拒否していたのであるから、同条項が適用される場面とはならないとしている。

　原告は、本件転勤命令拒否を理由として停職処分を受け、更に懲戒解雇処分を受けるに至っているところ、まず停職処分については、①保育権の侵害の主張は理由がないこと、②苦情処理委員会の棄却裁定後においても原告は有給休暇の届を出して出勤せず、有給休暇を取り尽くした後も欠勤したこと、③被告は原告に対し、これ以上の欠勤を続ければ処分する旨通知したが、原告はその後も出勤せず、56日間にわたって重大な義務違反を続けていたこと、④被告は原告に対し、こ

のままでは懲戒処分に踏み切らざるを得ない旨警告したが、それでも原告は出勤しなかったことから、懲戒権の濫用には当たらないと判断した。更に懲戒解雇処分については、①原告は停職処分による停職期間経過後も引き続き欠勤を継続したため、被告は原告に対し、再警告書をもって速やかに赴任するよう指示し、これを無視すれば重大な決意をもって厳重な処分に踏み切らざるを得ない旨警告したが、原告はこれも無視し、被告は約1カ月後に再々警告書をもって異動先で就労するよう警告したものの、原告はこの再々警告にも従わなかったために懲戒解雇処分としたもので、原告は本件停職処分期間満了後も2度にわたる出勤命令及び懲戒解雇処分の警告にもかかわらず、これを無視して出勤しなかったとして、本件懲戒解雇処分を有効と認めた。

　本件は、原告が控訴し、更には上告したが、いずれも棄却された。

(3)　キノ・メレスグリオ転勤拒否解雇事件　東京地裁平成9年1月27日判決、東京高裁平成12年11月29日判決

> **結論**　経費削減の一環として女性社員に長時間通勤を要する職場への配転を命じ、その拒否を理由に懲戒解雇としたことにつき、首都圏において片道2時間余の通勤は不可能とはいえないこと、独身であるから転居も可能であることから、原告に著しい不利益を与える場合には当たらないが、配転の利害得失についての情報を提供せず、短兵急に行ったものとして懲戒解雇を無効とする。

　本件は、経営が悪化した会社（被告）が経費削減の一環としてパートタイマーを整理し、本社工場で経理事務を担当していたパートタイマーの後任として女性正社員を充てることとして配転を打診し、同女性社員（原告）がこれを拒否したにもかかわらず配転命令を発した事件である。原告は、配転先までは片道2時間余を要するなどとして配

転辞令の受領を拒否し、説得にも一切応じずに懲戒解雇処分を受けたため、その取消しを求めたものである。

　第1審、控訴審とも、首都圏において片道2時間余の通勤は不可能とはいえないこと、原告は独身女性であって転居も可能であることから、本件配転命令は、原告に甘受すべき程度を著しく超える不利益を与える場合には当たらないと判断した。第1審は、そのことから、本件配転命令が説明不足でやや短兵急に過ぎるきらいはあるとしながらも、配転拒否を理由とする本件懲戒解雇は人事権の濫用に当たらないとして、これを有効と認めた。

　これに対し控訴審では、被控訴人（被告）は控訴人（原告）に対し、配転に伴う利害得失を考慮するに必要な情報を提供しておらず、このようにしてなされた本件配転命令に従わなかったことを理由とする懲戒解雇は短兵急に過ぎるとして権利の濫用を認め、本件懲戒解雇を無効と判断した。判決の考え方自体は、本件配転の必要性、合理性を認めており、それにもかかわらず、説明の不十分さ等その手法を理由に結果として被控訴人が敗訴したわけであるから、いうならば被控訴人側のオウンゴールのようなものといえる。

　確かに被控訴人側の対応にも丁寧さに欠ける面があったのかも知れないが、2時間余の通勤は嫌だ、転居も嫌だでは、なかなか理解を得ることは難しいと思われる。控訴人は、独身で、住まいは賃貸住宅だったため、一般的には転居は比較的容易のように思われるが、念願の公団住宅に入居できたことで、これにしがみついたようである。控訴審では、本件配転の必要性、合理性を認めながら、説明の不十分さ等を理由に配転拒否を認めているが、本件の控訴人の場合、配転拒否の理由からすると、どのように配転の必要性を説明しても、これを受け入れる可能性は低いとの感を免れない。

第6章 労災保険における男女異なる取扱い、女性労働者に係る職業性疾病等

1 労災保険における男女異なる取扱い

　現在の労働関係法規の中で、妊産婦を除いて女性が男性と異なる取扱いを受けているのは、坑内での鉱物の掘削や、特定の有害物質の取扱いなど、非常に限定されたものとなっている。以前は、女性の就業がかなり広く制限されていたが、それが男女雇用機会均等法施行と同時に行われた労働基準法改正以降、順次撤廃されてきたことについては前述したとおりである。しかし、男女雇用機会均等法施行後においても相当長期間にわたって、男女異なる扱いがなされていたものがあった。それは、労災保険法上の障害等級の扱いである。労災保険制度とは、言うまでもなく、業務上の災害又は通勤途上の災害に対し必要な給付を行って、罹災者の社会復帰の促進やその遺族の生活保障をする制度であるが、この中に男女で異なった取扱いが盛り込まれていた。

　労働災害で負傷を負った場合、身体に障害が遺る場合があり、障害が遺ってそれ以上治療が期待できない状態になった場合、これを「治癒」として障害等級を決定することとし、その等級に応じた障害補償給付が支給されることとされている（労災保険法 15 条）。障害等級は、最も重度の 1 級から、最も軽度の 14 級までに分かれており、その中に「外貌の醜状」が含まれている。従来は「外貌に著しい醜状を遺すもの」が、女性 7 級、男性12級とされ、「外貌に醜状を遺すもの」が、女性12級、男性14級とされていた。

　このことが男女差別であって、憲法14条１項に違反するとして正面から争われた事件がある（注１）。この事件は、金属の溶融物を身体に浴びて、顔面から上半身にかけてその傷跡が遺り、著しい醜状が遺ったとして障害等級12級の決定を受けた男性が、著しい醜状の障害等級に男女差があるのは憲法に違反するなどとして、労働基準監督署長が行った障害等級の決定の取消しを求めたものである。判決では、障害等級表策定については高度の専門技術的考察が必要であるから、厚生労働大臣の裁量は比較的広汎であり、外貌の醜状障害により受ける影響について、男女間に事実的・実質的な差異があると言えなくはないから、本件差別的取扱いについて、その策定理由に根拠がないとはいえないとしながら、著しい外貌の醜状障害について５級の差があり、女性であれば１年につき給与基礎日額の131日分の年金が支給されるのに対し、男性では156日分の一時金しか支給されないなど不合理は著しく、憲法14条１項に違反するとして処分を取り消したものである。

　この裁判においては、国は、女性は接客等の業務に従事する者が多いこと、化粧品の売行き等を見ても女性の方が外貌を重視していることなどを挙げて、外貌の醜状に関する障害等級についての男女差は合憲である旨主張した。しかし、この主張が合理性を有するためには、単に女性の方が接客等の業務に就いている実態が多いというだけではなく、労働市場において、女性の外貌の醜状が男性のそれより重大な価値の低下をもたらすこと、言い換えれば、女性の外貌が男性のそれより労働市場において高い商品価値を有することの合理性を証明しなければならないはずである。昔の女性の求人広告に良く見られたとされる採用条件としての「容姿端麗」がまさにそのことを表しているわけで、女性の採用に当たって、容姿の善し悪しが重要な判断要素となることが社会通念上認められているということであれば、外貌の醜状についての障害等級の男女差も認められるであろう。しかしながら、少なくとも男女雇用機会均等法の施行以降においては、法律上の規定

こそないものの、求人広告において女性の容姿を採用基準とすることは表立っては許されないことは、社会通念になっていると考えて良いであろう（もっとも、現実の採用に当たっては、業種によっては容姿がモノをいう実態があることが窺えるところではあるが）。

このように、一般的な職務において、女性にのみ容姿を採用、昇格等の基準とすることが許されないことが社会通念であるとすれば、外貌の醜状についての障害等級において男女差を設けることに合理性が認められないことは当然といえる。労災保険の障害等級表は、この判決を契機に、平成23年2月1日に改正され、現在は、男女とも「外貌の著しい醜状」については障害等級7級、「外貌の醜状」については同12級に変更されている。

労災保険の障害等級は、上記のとおり、この判決を契機に男女同一に改正されたが、その基となった本判決では、外貌の醜状の障害等級について男女差を設けることを一切否定しているわけではなく、社会通念に照らして許される余地もある旨述べている。ただ、著しい醜状についての障害等級の差が男女で5級（7級と12級）にも及び、障害補償給付として、女性には年金が支給されるのに対し、男性には一時金で済まされることは余りにも差が大き過ぎ、その意味で憲法違反としたものである。したがって、その差がもっと小さかったら、国の主張が認められた可能性もあるが、5級差ならば憲法違反だが、例えば3級差なら憲法の枠内というのは余り説得力があるとは思えない。憲法14条に照らして男女差別は一切許されないと言い切ってしまった方が説得力があったようにも思えるが、この辺りは行政当局の立場に配慮した可能性もある。

なお、この判決とは関係ないが、外貌の醜状が問題になったユニークな事例がある（注2）。この事件は、いわゆるニューハーフ（原告）に対し、男性（被告）がこれを女性と誤信してわいせつ行為に及び、階段から転落させて顔面に傷を与えたものである。判決では、原告は

睾丸を摘出し、豊胸手術をして女性然として日常生活を送っており、心身ともに女性と同様であるとして、その顔面の傷を「女性の外貌に醜状を残すもの」と評価し、後遺障害12級とするのが相当と判断している。

（注1）園部労基署長（障害等級男女差）事件　京都地裁平成22年5月27日判決

（注2）ニューハーフ外貌醜状事件　東京地裁平成11年4月28日判決

② 女性労働者に係る職業性疾病

　労働者が業務を遂行することによって疾病に罹ることがあるが、従事した業務と罹った疾病との間に相当因果関係（業務起因性）が認められれば、労災保険制度により所定の給付を受けることができる。このことは、もちろん男女を問わず言えることであるが、本来的に女性固有とはいえないにしても、実態として、専ら或いは圧倒的多数が女性という疾病も見られるところである。

　1960年代から1970年代にかけて、非常に大きな問題となった職業病に頸肩腕症候群がある。この疾病は、タイピストやキーパンチャーなど手や指を酷使する労働者が多く罹るもので、これらの職業に就いている者のほとんどが女性であることから、女性固有の疾病であるかのような様相を呈していた。いつ頃から問題になったか正確なところは不明だが、昭和30年頃にはキーパンチャー等を中心に、腱、腱鞘の障害が発生し、そのことが職業病として労働災害に認定するか否かが問題とされていたようである。当時の労働省もこの対策に乗り出し、昭和39年9月16日「キーパンチャー等の手指を中心とした疾病の業務上外の認定基準について」（基発1085号）を発して職業病認定の問題を処理していた。この通達では、穿孔作業は60分を超えず、作業間に10ないし15分の休憩を与え、1日のタッチも4万を超えないようにするなどの内容が盛り込まれていた。ところが、その後タイピストを始め

他の職種にも同種の障害が拡大し、症状も手指だけでなく頸肩にも及ぶことが明らかになったことから、労働省は昭和44年10月29日「キーパンチャー等手指作業に基づく疾病の業務上外の認定基準について」（基発723号）、次いで昭和50年2月5日「頸肩腕障害に関する業務上外認定基準について」（基発59号）を発している。この通達は、頸肩腕症候群（障害）が業務に起因して発症したとの認定を行う基準として、その労働者の作業態様、作業従事期間及び業務量から見て、その発症が医学常識上業務に起因するとして納得し得ることが必要であると定めるとともに、その作業態様については、主として、打鍵などの手、指の繰返し作業等上肢の動的筋労作又はほぼ持続的に主として上肢を前方或いは側方挙上位に空間保持するとかの静的筋労作であることを要するとしている。

　こうした頸肩腕症候群（障害）が裁判で争われるのは、当初はキーパンチャー、タイピスト及び電話交換手に限られていたが、その後、作業態様も、重量物の運搬作業、ボールペンでの筆記作業等に拡がりを見せ、それに伴って、一般事務職、看護婦、保母等罹患する職業も拡がってきた。また、訴訟の内容としては、業務上外の認定を争うもの（注1）だけでなく、労働者が使用者に対し慰謝料等を請求するもの（注2）、疾病による長期休職を理由に解雇され、その無効の確認を求めるもの（注3）も見られるところである。

（注1）王子労基署長頸肩腕症候群事件　東京地裁昭和53年12月20日判決（棄却）、長野市職員頸肩腕症候群事件　長野地裁昭和55年10月30日判決（認容）・東京高裁昭和61年6月23日（控訴認容＝請求棄却）、摂丹児童相談所調査員頸肩腕症候群事件　神戸地裁昭和59年7月19日判決（認容）・大阪高裁平成元年8月29日判決（控訴認容＝請求棄却）、市立図書館電話交換手頸肩腕症候群事件　大阪地裁平成元年3月27日判決（認容）・大阪高裁平成3年5月8日判決（控訴棄却）、東京都公立学校教員頸椎変型症事件　東京地裁平成2年2月26日判決（棄却）、新宿労基署長・銀行員頸肩

腕症候群事件　東京地裁平成2年12月27日判決（一部認容）・東京高裁平成5年12月21日判決（一部変更・一部認容）、保育園保母頸肩腕障害・腰痛等事件　大阪地裁平成3年3月28日判決（棄却）、保育園保母頸肩腕障害・腰痛事件　大阪地裁平成10年2月16日判決（認容）吹田市介護職員頸肩腕障害・腰痛事件　大阪地裁平成15年7月29日判決（一部認容）、新宿労基署長・エステティック頸肩腕障害事件　東京地裁平成16年1月27日判決（認容）

(注2) 日本放送協会タイピスト頸肩腕症候群事件　東京地裁昭和48年5月23日判決（一部認容）、電話器絶縁試験作業員頸肩腕症候群事件　東京地裁昭和50年1月1日判決（一部認容）、熊野電々局電話交換手頸肩腕症候群事件　津地裁昭和53年3月31日判決（一部認容）・名古屋高裁昭和63年3月30日判決（控訴棄却）、裁判所職員頸肩腕症候群事件　大阪地裁昭和55年4月28日判決（一部認容）・大阪高裁昭和56年10月23日判決（控訴認容＝請求棄却）、慈恵医科大学看護婦頸肩腕症候群事件　東京地裁昭和58年2月28日判決（棄却）、銀行員頸肩腕症候群事件　静岡地裁沼津支部昭和58年4月27日判決（棄却）、横浜市保育園保母頸肩腕症候群事件　横浜地裁平成元年5月23日判決（一部認容）・東京高裁平成5年1月27日判決（控訴認容＝請求棄却）・最高裁平成9年11月28日判決（原判決破棄・差戻し）、労働組合事務職員頸肩腕症候群事件　東京地裁平成2年9月19日判決（棄却）、銀行員手根管症候群事件　東京地裁平成5年3月25日判決（一部認容）。

(注3) タイピスト腱鞘炎休職解雇事件　東京地裁昭和49年10月4日判決（認容）、製鉄化学会社キーパンチャー頸肩腕症候群事件　福岡地裁小倉支部昭和54年1月29日判決（認容）、通信販売等会社タイピスト腱鞘炎解雇事件　東京地裁昭和55年12月17日判決（一部認容）

おわりに

　女性の活躍推進が政府主導で声高に進められて以降も、女性労働に関する裁判は跡を絶たず、新たな裁判例が積み重ねられている状況にあることは本書でお示ししたところです。ただ、その内容を見ると、現在では、男女雇用機会均等法施行前とはもちろん、同法の施行後であっても、現在より10年程度前ともかなり様相が変わってきているような印象を受けます。具体的に言うと、10年程度前までは、昇格・賃金における男女差別が事例の中心であったものが、最近では、もちろん男女の昇格・賃金差別の事例も相変わらず見られるものの、その比重は低下し、妊娠、出産、育児休業等を巡る事例、いわゆるマタニティ・ハラスメント（マタハラ）の事例が急増しているように感じます。もっとも、本書で取り上げた事例は、その大半が判例の専門雑誌から収集したものですから、雑誌の編集者が「売れる事例」を選択したことにより、一定のバイアスがかかっている可能性が考えられますが、仮にそうだとしても、専門の編集者がそのような選択をしたことにはそれなりの理由があるわけであって、マタハラが、現在、女性労働を巡るホットな争点となっていることは間違いないものと思われます。

　マタハラ自体は、本書でも取り上げたとおり、約半世紀前から裁判で争われており、決して最近新たに発生した問題ではありませんが、この問題が一躍脚光を浴びたのは、何と言っても「副主任理学療法士妊娠・育児休業取得降格事件」の最高裁判決（平成26年10月23日判決）が契機となったといえるかと思います。同判決は、本文で紹介してありますが（第4章 4 (4)）、第1審、控訴審とも軽易業務への転換に伴う副主任からの降格については原告が承諾していること、育児休業からの復帰のポストについては、元の副主任に直ちに戻すことが業務遂行上困難であることを挙げて、原告の請求を棄却しました。しかしながら上告審では、原告の承諾、業務遂行上の困難性について極めて厳

格な「特段の事情」の存在を求め、差戻審では、最高裁の見解を踏まえて、原告の全面勝訴としています。本件最高裁判決を受けた差戻審高裁判決により原告勝訴が確定してから約8カ月後「事業主が職場における妊娠、出産等に関する言動に起因する問題に関して雇用管理上講ずべき措置についての指針（平成28年8月2日厚生労働省告示312号）」（いわゆるマタハラ指針）が策定され、マタハラの内容、事業主が雇用管理上講ずべき措置等について示されたところです。このように、重要な判決が出された場合、その内容を行政に生かしていくことは、行政の立場として当然のことであり、それだけに、行政を進める上で、裁判の動向を的確にフォローしていくことが不可欠であるといえます。

　私は、約30年間にわたり、労働行政を中心とした行政官を務めてきましたが、行政を進める上で、関連の裁判例を必要とする場面が少なくありませんでした。ところが、関係の裁判例を詳しく説明したり、出典を紹介したりする書籍がなかなか見当たらず、いろいろ手を尽くして原典に当たるなどしたことから、関連の裁判例を一覧できるような書籍があれば良いと切実に思ったもので、そうした自らの経験を踏まえて、女性労働に関する裁判例を網羅的に示した、いわば「女性労働裁判例辞典」的なものとして本書を刊行したところです。

　本書は、裁判例からみた「女性労働昨日・今日・明日」とのタイトルを付けています。大まかにいうと、昨日に当たる分野が、女子結婚退職制、男女別定年制、生理休暇など、昨日と今日にまたがるものが男女昇格・賃金差別、仕事と家庭の両立、主に今日に当たるものがマタニティハラスメントに当たるのではないかと考えています。これら各分野の裁判例については、本文を当たっていただきたいのですが、「明日」については、当然ながら実際の裁判事例は存在しません。にもかかわらず、タイトルに「明日」を付けたのは、今後の女性労働を巡る法的紛争の今後を予測しようとしたからです。

　確かに、明日の裁判事例自体を提示することはできませんが、現実

に出された判決の中に、明日の萌芽が見えるように感じるものもあります。その一つは、昇格等に絡む人事考課の男女均等扱いです。本文（主に第3章）でも散々紹介したように、以前、特に男女雇用機会均等法施行前には、女性は主に補助的・定型的な業務に就けられ、その結果、男性よりも低い賃金しか支払われなかったことが一般的でしたが、これについては、女性は短期間で退職するから重要な仕事を任せられないこと、労働基準法等により女性は時間外労働や深夜労働を制限されていることから、男性と同様の処遇をすることはできないこととの判断が多く示され、法の下の平等を定めた憲法14条との関係についても、企業において賃金等で男女で差別的取扱いをすることは同条の趣旨に反するとしながら、憲法は私人間には適用されないとして、女性の請求を斥けることが少なくありませんでした。また、男女の賃金差別を禁じた労働基準法4条については、仕事の内容が異なることから、賃金に男女差を付けることは同条に違反しないこととし、多くの場合、男女均等扱いを求める女性の請求が棄却されてきたところです。

　しかし、昭和61年に男女雇用機会均等法が施行され、特に平成11年に同法が改正され、雇用の各ステージにおいて男女の均等取扱いが義務付けられて以降は、企業が、従前のように、男女を均等に扱わない人事管理を行う理由の説明がつかなくなり、昇格・賃金等の男女不均等な扱いの多くが公序良俗に反し無効とされました。この改正から既に四半世紀近く経過しましたが、確かに同法改正前に比べれば相当な改善がみられているように思えるものの、従前と類似する男女不均等扱いは、未だ跡を絶たないことは本文で紹介したとおりです。

　その理由としては、企業にしろ官庁にしろ、組織における上位ポストは限られており、経営上、これを闇雲に増やすことはできないことから、女性を従前より上位ポストに着けようとすれば、その分男性が上位ポストに着く機会が狭まることになり、従来ならば「男性であるが故に」そこそこのポストに着いていた者が、これに着きにくくなっ

たことが考えられます。企業としても、法の趣旨は理解しつつも、そうした男性社員の立場を慮り、見えにくい形で男女不均等扱いを温存していることが懸念されるところです。そして、その手法を執る場合にカギになるのが人事考課といえます。

　人事考課についての裁判所の考え方は、基本的に使用者の裁量に委ねられており、通常であれば人事考課の内容に立ち入ることはしないとの姿勢を維持しながら、その裁量の範囲を逸脱し、又は裁量権を濫用するような事情がある場合には、その人事考課による降格や減給を無効にしたり、不当な人事考課によって労働者が被った損害を使用者に賠償させたりしています。平成11年の男女雇用機会均等法改正により、配置・昇進についての男女均等待遇が義務付けられたこと、男女差別に関する裁判例が積み重ねられたことなどから、昇格や昇給について一見明白な男女差別は姿を消していくものと思われますが、企業等の幹部に男女差別意識が残っている限り、今後とも雇用の場における男女差別現象が形を変えて出て来る可能性があり、それが新たな訴訟を産み出すことに繋がる懸念があります。

　また、仕事と家庭の両立は、職業生活を巡る今日の主要なテーマの一つですが、転居を伴う転勤については、現在のところ裁判所は使用者の裁量を広く認め、家族の病気や介護等の事情がない限り、転勤拒否は認められにくい状況にあります。病気や介護が転勤拒否の正当事由とされることは今後も変わらないと思われますが、今後特に問題となると予想されるのは、夫婦共働きの場合の、一方の転勤についてです。特に夫婦が異なる企業に所属している場合には、夫婦別居を防止することについての配慮どのように働かせるかは難しい問題といえますし、夫婦が同一の企業に所属する場合において、一方を転勤させる場合、他方も同一の事業場若しくは近隣の事業場に転勤させるなどの配慮が求められる可能性もあり、ワークライフバランスが求められる今日において、裁判所がどういう判断を示すかが注目されます。

　間接差別については、平成19年の男女雇用機会均等法改正で禁止され（7条）、同法施行規則2条でその具体的な内容が規定されたところです。ただ、これまでの裁判では、補助的に間接差別を主張するケースはあるものの、真向から間接差別を主張した事例は見当たらないことから、同法7条が裁判規範として有効に機能しているとはいい難い状況にあり、今後、施行規則にその内容が追加されるかも含めて「明日」のテーマとなるかどうか注目されるところです。

　更に、男女が異なる仕事に就いていても、職務分析等によって、両者の労働の価値が同一と認められる場合には同一の賃金を支払わなければならないとする「同一価値労働・同一賃金」についても今後の動向が気になるところです。この意味での「同一価値労働・同一賃金」については、一時期、これを実現すべきとする声がかなり高揚したことがあり、そうした声を背景にしたか否かは不明ですが、今から20年程以前には「同一価値労働・同一賃金」を認めた判決も複数出されたところです（第3章 5）。この問題は、現在のところ裁判所を賑わすまでには至っていない様子であるものの、今後、火を噴く可能性があり、これも「明日」の候補といえるかと思います。

　本書は最初から最後まで裁判事例の紹介に終始していますので、初めて女性労働問題に取り組む方、女性労働問題の全貌を鳥瞰しようとする方にとっては取っ付きにくいかもしれませんが、企業の人事担当者や女性問題に関する業務に携わっている方などが何か困難な事態に遭遇した際に、類似事例を知って事態を打開するためにはいささかお役に立てるかと思いますし、是非役立てていただきたいと願っています。もちろん、上記以外の方でも、労働問題、特に女性労働問題に関心を持っている方にとっては、本書で取上げた事例は、いずれも実話であるだけに、興味を持っていただけるのではないかと期待しているところです。

　本書が、真の意味での、職業生活における女性の活躍の推進に、いささかでも貢献できることを願っています。

◀ 本書で取り上げた裁判例索引 ▶

（注）

民集　最高裁判所民事判例集

労民　労働関係民事裁判例集

労判　労働判例

労経　労働経済判例速報

労旬　労働法律旬報

判時　判例時報

判タ　判例タイムズ

要旨集　年間労働判例命令要旨集

ジュリ　ジュリスト

著者紹介

君嶋　護男
きみしま　もりお

昭和23年茨城県生まれ

昭和48年労働省（当時）入省。労働省婦人局中央機会均等指導官、同局庶務課長、愛媛労働基準局長（当時）、愛知労働局長、労働大学校長、（財）女性労働協会専務理事などを経て、平成17年6月より（公社）労務管理教育センター理事長

著書に「キャンパスセクハラ」（女性労働協会発行）、「ここまでやったらパワハラです！—裁判例111選—」（労働調査会発行）、「おさえておきたいパワハラ裁判例85」（同）、「混迷する労働者派遣の行方」（同）、「セクハラ・パワハラ読本（共著）」（（公財）日本生産性本部生産性労働情報センター発行）、ハラスメント−職場を破壊するもの−（労働法令発行）

裁判例からみる

女性労働

―昨日・今日・明日―

令和5年3月20日　発行

定　価　2,200円（本体2,000円＋税10％）

著　者　君嶋　護男

発行所　株式会社　労働法令

〒104-0033

東京都中央区新川2－1－6　丸坂ビル

TEL　03-3552-4851

FAX　03-3552-4856